流通と商業の基礎理論

岩永 忠康・西島 博樹・柳 純　著

五絃舎

はじめに

　私たちがスーパーやコンビニなどで商品を購入することは日常茶飯事なできごとで非常に身近な生活体験の場である。つまり，私たちは衣食住の生活必需品や豊かで贅沢な衣料品などのブランド品を小売店に行って購入して消費し生活している。その意味で，私たちは商品・サービスを購入する小売商業を通して経済の一端を体験している。

　商業は，商品流通を専門的・効率的に遂行するものである。特に小売商業は，商品流通機構の末端部分に位置し，消費者に直接に商品を販売するために，空間的・地域的範囲がきわめて狭い領域に制約されている。その意味で，小売業は地域に密着した地域産業・立地産業ないし生活文化産業として特徴づけられている。

　経済の一端を担っている流通ならびに商業の活動を掘り下げてみると，小売店で購入する商品が生産者から消費者に届くまでのプロセスにおいて，さまざまな活動や働きが行われている。その過程になぜ商業が介在し，その商業がなぜ多くの商業に分化したり集積したりしているのか。さらに現代の社会経済の急激な変化の中で，流通や商業がどのように変化し，どのように再編されているのかを理解することは大切なことである。

　商業は，生産者と消費者との間に介在するために，生産者が生産する生産力とともに消費者が購買する消費力や消費者の行動に大きく規定されている。そのために経済の発展や消費者の生活様式の変化によって，商業内部における諸問題を発生させながら商業内部が再編成されるという，いわば商業の態様ないし在り方が変化しているのである。近年，小売商業は，社会経済の変化や情報・物流技術の発達という環境変化の下で，小売経営技術の革新や小売経営組織の改革によって大規模化・組織化・チェーン化ないし小売国際化・グローバル化することによって，近代化しつつ多様化（多様な近代的小売業態の出現など）し

てきているのである。

　本書は，このような商業の役割や活動ならびに実態についての基礎的な知識や理論を整理したものである。本書の構成は，7章構成になっており，そこでの基本的な内容や課題について，簡単に説明しておこう。

　第1章「流通と商業」は，流通の概念，生産と消費の懸隔と架橋，直接流通と間接流通など，流通に関する基礎知識を理解したうえで，商業がなぜ存在するのかについて理論的な考察に当てている。

　第2章「商業の構造と競争」では，現実の商業の内部構造を規定する構成原理と競争原理について考察する。特に，現実の多様な商業の段階分化ないし部門分化の原理と意義，小売業態の誕生プロセスなどを考察している。

　第3章「日本の流通システム」では，流通システムの概念と流通の役割を述べたうえで日本的流通システムの特徴を考察し，そこでの取引関係や取引慣行について考察している。

　第4章「卸売商業」では，卸売商業を規定したうえでその存立根拠や機能について考察する。次に多種多様な卸売業を一定の基準のもとに類型化して簡単な説明を行い，さらに具体的な商社ならびに卸売市場について考察している。

　第5章「小売商業」では，小売商業の概念と特徴ならびに役割と戦略について考察している。次に小売構造の概念やその構成セクターとその特徴について考察する。さらに日本の小売商業を類型化したうえで，小売業態の展開と各種の小売業態について考察している。

　第6章「小売国際化」では，国際展開している小売企業の海外出店の実態把握・出店プロセスを理解しながら，小売国際化の意義について考察している。

　第7章「激変する流通・商業関係」では，今日多様化している流通・商業について理解を深めると同時に，小売業態における小売競争に力点を置きながら伝統的な製販関係および新たな製販関係を確認し，今後の小売流通の方向性を考察している。

　本書は，3名の著者がこれまでに発表した以下の著書（論文）がもとになっ

ている。章によっては，その内容を再点検・再構成して大幅な加筆修正が加えられている。

第1章「流通と商業」（西島博樹）

　岩永忠康・佐々木保幸編『流通と消費者』慶應義塾大学出版会，2008年（第2章所収）

第2章「商業の構造と競争」（西島博樹）

　岩永忠康監修『現代流通の基礎理論』五絃舎，2013年（第1章所収）

第3章「日本の流通システム」（岩永忠康）

　岩永忠康『現代の商業論』五絃舎，2014年（第10章所収）

第4章「卸売商業」（岩永忠康）

　書き下ろし

第5章「小売商業」（岩永忠康）

　岩永忠康『現代の商業論』五絃舎，2014年（第3章所収）

第6章「小売国際化」（柳純）

　岩永忠康監修『現代流通の基礎理論』五絃舎，2013年（第4章所収）

第7章「激変する流通・商業関係」（柳純）

　柳純編『激変する現代の小売流通』五絃舎，2013年（序章所収）

　本書は，小売商業を中心として商業・流通領域を整理した「商業論」を勉強するための入門書である。特に，大学の新入生や社会人向けに商業論を専門的に研究するうえで基礎的な知識や理論を解りやすく解説・説明したものである。

　最後に，本書の出版を快くお引き受けくださり，格別のご配慮をいただくとともにお手を煩わせた五絃舎社長 長谷雅春氏に対し，執筆者を代表して心よりお礼を申し上げる次第である。

　2020年2月27日

　　　　　　　　　　　　　　　　　　　　　　　執筆者代表　岩永 忠康

目　　次

第1章
流通と商業

本章の構成

┌─**本章のポイント**─┐

　現代経済における流通形態の主流は，生産者と消費者の間に商業者が介在する間接流通である。本章では，流通の概念，生産と消費の懸隔と架橋，直接流通と間接流通など，流通に関する基礎知識を理解したうえで，商業がなぜ存在するのかについて理論的に学習する。

　○第1節では，交換，貨幣，商品など流通に関する基礎知識を学習する。

　○第2節では，生産と消費の4つの懸隔（人的懸隔，場所的懸隔，時間的懸隔，情報懸隔）と架橋について学習する。

　○第3節では，直接流通と間接流通の違いを確認し，商業者による社会的品揃え物の形成について学習する。

　○第4節では，売買集中の原理による取引費用節減効果から，生産者と消費者の間に商業者が介在する根拠について学習する。

第1節　流通の概念

1．歴史的概念としての流通

　現代の経済部門は，生産，流通，消費の３つの領域から成り立っている。このうち，財を生産し，消費するという２つの経済活動は，われわれの生活にとって切り離せない活動であり，有史以来絶えることなく続けられてきている。すなわち，生産と消費は超歴史的概念である。

　これに対して，第３の経済領域である流通は，交換という歴史的出来事を必須条件とするから，いかなる時代でも存在していたわけではない。すなわち，流通は歴史的概念である。交換の発生は，ある特定の財についてみたとき，その生産者と消費者が分離することを契機とする。ただし，交換にはさまざまな形態があり，その具体的な形態のなかから流通の概念を把握しなければならない。また，生産者および消費者をどのような概念として把握すればよいのか，生産者と消費者とが分離するとはどういうことなのかについても明らかにしなければならないであろう。

2．原始共同体と物々交換

　太古の原始社会では，人びとは血縁関係などで結びついた少人数の集団（共同体）ごとに共同生活を営んでいた。自給自足の集団である**原始共同体**は，その全体が生産単位であると同時に消費単位であった。つまり，原始共同体に所属する個々の人間は，生産者および消費者という概念で捉えることはできないので，その内部において交換という現象が発生することはない。生産者と消費者の分離がなく，交換という現象がない以上，太古の原始社会では流通という経済現象が成立する余地はない。

　生産活動は，自然環境や生産技術に大きく依存する。したがって，共同体の消費量を上回る生産物（余剰生産物）が生み出される一方で，生産不可能な財，あるいは慢性的に不足する財が存在してしまうことも，当然ながらある。たと

えば，山間部で暮らす共同体では，山菜やキノコは豊富に採れるが，コンブや
ワカメなどの海藻類を手に入れることは難しい。海辺で暮らす共同体は，その
逆であろう。こうした状況下において，共同体間での交換という経済行為が偶
発的に発生する。

　当初の交換の形態は，生産物の直接交換，すなわち**物々交換**であった。物々
交換が常態化するにつれて，生産と消費の統一体としての原始共同体は，体制
的に少なからぬ動揺を受けていく。共同体内部での完全なる自給自足体制が
徐々に崩壊し，生産単位と消費単位が個々の家族へと分解するのである。交換
の対象物は，共同体における余剰生産物から，当初から交換を目的として生産
された財（これを**商品**という）へと転換する。

　物々交換は，1つの交換がそれ自体として完結し，他の交換とはいっさい関
連性ないし依存性をもっていない[1]。すなわち，ひとつの物々交換が成立して
も，その経済行為が社会的な交換の連鎖を生みだすことはない（図1-1，a.物々
交換を参照）。物々交換は，孤立的，個別的な交換である。したがって，交換の
形態が物々交換にとどまっているかぎり，流通と呼べるような経済現象は未だ
発生していないと考えてよい[2]。

3．交換の矛盾

　当初から交換をめざして生産される商品は，ある特定の用途に役立つもので
なければならない，言い換えると，ある特定の有用性をもっていなければなら
ない（これを**使用価値**という。たとえば，「パンは空腹を満たす」，「帽子は直射日光か
ら頭を守る」など）。しかしその一方で，商品は，できる限り広くどのような商
品とも交換できるものでなければならない（これを**交換価値**という。たとえば，「パ
ンは帽子と交換できる」と同時に「キノコとも交換できる」）。

　このように商品は二面性（使用価値と交換価値）を要求されるために，物々交
換という経済行為において直ちに困難に直面する。すべての商品生産者は自ら
の商品を自らにとって有用性のある商品とのみ交換しようとするが，自己の商
品が他人にとって有用性があるかどうかは関係なく同じ価値をもつ他のいかな

る商品とも交換しようとするからである[3]。これが**交換の矛盾**である[4]。

　物々交換においては，商品生産者が相互に相手方の商品を使用価値として受け入れなければ決して交換が行われることはない。交換相手が保有する商品を自らが欲しがっていると同時に，自らが保有する商品を交換相手が欲しがっているという，**欲望の両面一致**を必須としている（佐藤 1989, p.24）。さらに，欲望の両面一致の原則が満たされたとしても，価値的な交渉が決裂すれば（交換比率に関する合意が形成できない），交換は成立しない。物々交換の成立は偶然性に支配されているのである。

4. 商品流通

　貨幣は，物々交換の困難性を緩和する。貨幣の介在によって，交換の形態はどのように変化するだろうか。貨幣所有者は，交換相手が所有する商品を欲しいと感じなければ交換に応じることはないだろう。これは物々交換の時と何ら変わりない。問題は，貨幣所有者が商品所有者の商品を欲しがっている際の商品所有者の行動である。貨幣所有者が貨幣を交換対象として差し出したならば，商品所有者は自らの商品との交換に躊躇しないであろう。なぜなら，貨幣を持ってさえいれば，いつでも，どこでも，だれとでも，欲しい商品を手に入れることができるからである。このように，交換に貨幣が介在することによって，欲望の両面一致の要件は，**欲望の片面一致**の要件で済むようになる（佐藤 1989, p.27）。貨幣所有者と対峙した商品所有者は，使用価値的な理由で交換を拒絶することはない。交換が成立するかしないかは，貨幣所有者が商品所有者の商品を気に入るかどうかだけである。

　貨幣を媒介とした交換では，商品生産者は，最初に商品を貨幣に換え，次いで貨幣を商品に換えるという2つの過程を経るようになる。前者の交換を**販売**，後者の交換を**購買**という。物々交換は直接的・個別的な交換であったが，貨幣の登場によって間接的・社会的な交換に変貌する。最終的に必要な商品が貨幣を媒介として入手されるという意味で間接的であり，売買関係の前後には必ず別の売買関係を伴っていなければならないという意味で社会的である。すなわ

ち，貨幣を媒介とした交換は，常に他の交換を前提とし，それとの絡み合いにおいてのみ存在することができる（図1-1，b.貨幣を媒介とした交換を参照）。この貨幣と商品との交換の連鎖が**商品流通**である。

図1-1　物々交換と貨幣を媒介とした交換

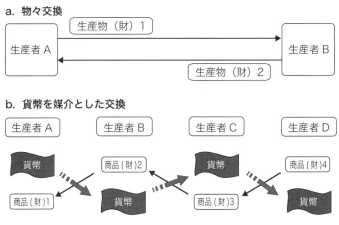

出所：西島（2008），p.21

第2節　生産と消費の懸隔と架橋

商品生産が一般化してくると，人々の日常的な欲望は全面的に交換によって充足されるようになる。いわゆる**社会的分業**である。商品の生産者は，与えられた環境条件（自然環境や生産技術など）にもっとも適合した商品の生産に特化し，それを販売して貨幣を取得し，その貨幣でもって生活に必要な商品を市場から調達する。

社会的分業は，生産と消費との間に多様な懸隔（隔たり）を生じさせる。主な懸隔として，人的懸隔，場所的懸隔，時間的懸隔，情報懸隔の4つがあり，それぞれの懸隔は，売買，輸送，保管，情報移転によって架橋される。

1．人的懸隔と架橋

　商品の生産者は，自らの消費のためではなく，商品を販売して貨幣を得ることを目的として特定の財を生産する。一方で，消費者は，生命ないし生活を維持するために必要とされる多様な財を自ら生産することはなく，そのほとんどすべてを市場での購買でまかなっている。

　このように，**人的懸隔**は，ある財の生産者とその消費者とが分離することによって生じる懸隔である。人的懸隔は，生産者から消費者へ財の所有権が移転すること，すなわち**売買**によって架橋される。

2．場所的懸隔と架橋

　商品の生産は，原材料調達，地価，労働者確保，立地規制など，自然条件，経済条件，社会条件などの環境条件に大きく依存する。したがって，必然的に特定の財は特定の場所で集中的に生産される。これに対して，消費者は空間的に分散して存在するから，ある特定の場所に偏ることなく広範囲において消費される。

　このように，**場所的懸隔**は，ある財の生産場所と消費場所とが距離的に離れることによって生じる懸隔である。場所的懸隔は，生産場所から消費場所へ財それ自体が移転すること，すなわち**輸送**によって架橋される。

3．時間的懸隔と架橋

　商品は生産されると同時に消費されているわけではない。たとえば，秋に集中的に収穫された米は，年間にわたって時間的に分散して消費されている。こうした状況は，工業製品であっても例外ではないだろう。一般的に商品は時間的に集中して生産されるのに対して，その消費は時間の流れの中で小刻みに行われている。

　このように，**時間的懸隔**は，ある財の生産時点と消費時点との間に隔たりがあることによって生じる懸隔である。時間的懸隔は，生産時点から消費時点まで財それ自体が移転すること，すなわち**保管**によって架橋される。

4.　情報懸隔と架橋

　ある特定の商品の生産者とその消費者との分離，つまり社会的分業は，情報面での隔たりを生み出している。すなわち，商品の生産者は，自らの商品に対する欲求が，どこで，どれだけ，発生しているのか，あるいは発生する可能性があるのかについて何も知らない。同様に，消費者は，どこで，どれだけ，どのような商品が生産されているのかについて何も知らない。

　このように，**情報懸隔**は，生産者が消費部門に関する情報をもたず，消費者が生産部門に関する情報をもたないことによって生じる懸隔である。情報懸隔は，生産部門と消費部門との間で**相互に情報が移転**することによって架橋される。

図 1-2　流通フロー

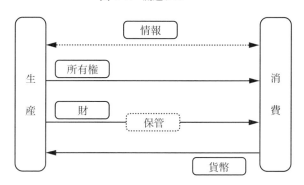

出所：鈴木（2010），p.6

　生産と消費の懸隔は，①財の所有権の移転，②その反射としての貨幣の移転，③財それ自体の移転，④情報の相互移転，という4つの要素の移転によって架橋される。生産と消費の間におけるこれら4つの要素の移転を流通フローという（図1-2参照）。

　流通という経済領域は，財の所有権および貨幣の移転（売買）としての**商的流通**，財それ自体の移転（輸送および保管）としての**物的流通**，情報の相互移転としての**情報流通**という3つの領域に大きく分けられる。このうちもっと

も重要なのは商的流通である。物的流通と情報流通は，商的流通（商品の売買）を促進し，それを支えるという側面をもっているからである。したがって，次節以降における考察の対象はもっぱら商的流通に絞られる。

第3節　直接流通と間接流通

1．直接流通と取引費用

　商的流通は，次の2つの形態が存在する。ひとつは，生産者と消費者が直接結びつく場合であり，これを**直接流通**という。もうひとつは，生産者と消費者との間に商業者が介入して，両者が間接的に向きあう場合であり，これを**間接流通**という[5]。

　図1-3 に示されているように，生産と消費が分離した分業社会では，生産者は生産活動だけに専念しているわけではなく，流通活動もまた担わなければな

図1-3　直接流通と間接流通

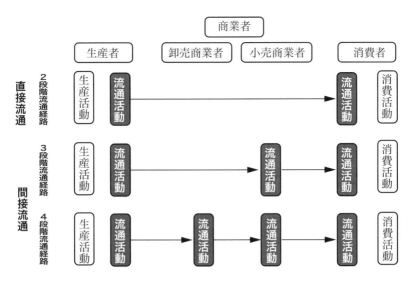

出所：鈴木・田村（1980），p.52

らない。同様に，消費者は消費活動とともに流通活動を行っている。これに対して，**商業者**は，流通活動だけを担当する。商業者は，生産者から商品を購入して，形態的に何の変化も加えずに，それを再び消費者（あるいは下流の商業者）へ販売することを業務とする。

　流通の２つの形態を取引という視点からみると，直接流通では生産者と消費者の一度きりの取引で完了しているが，間接流通では商業者が介入するために複数の取引（少なくとも２回の取引，たとえば，生産者と商業者の取引，商業者と消費者の取引）が必要となる。これは何を意味しているかといえば，商品が生産者から消費者へと至るまでに必要となる費用（取引費用）を，直接流通では生産者と消費者がすべて負担しなければならないということである。

　それでは，直接流通において生産者が負担すべき取引費用から考えていこう。**取引費用**は，取引を成立させるためにかかる煩わしさを貨幣単位で表現したものであり，**探索費用**と**交渉費用**から構成される。

　生産者が取引を成立させるためには，第１に，自らの商品を欲しがっている消費者（需要者）ないし購入する可能性のある消費者（潜在的需要者）を探しださなければならない。この際に問題となるのは，商品の有用性（商品の品質）である。つまり，生産者は，商品の有用性を認知してくれる消費者を見つけださなければならない。この一連の活動に要する費用が探索費用である。第２に，需要者ないし潜在的需要者を探しだしたとしても，生産者はその相手に対して，商品に関する情報を伝達し，取引条件を提示し，購買を説得しなければならない。この過程でもっとも問題となるのは，商品の価格である。当事者間で価格に関する合意がなければけっして取引（売買）は成立しない。この購買説得に要する費用が交渉費用である。

　次に，直接流通において消費者が負担すべき取引費用をみていこう。第１に，消費者は，自らが必要とする商品を誰が生産しているのかについて探索しなければならない。このとき問題となるのは，生産者による探索過程の場合と同様に，商品の有用性（商品の品質）である。つまり，消費者は，欲望を質的に満足してくれる商品の生産者を探しださなければならない。これに要する費用が

消費者の負担すべき探索費用である。第2に，希望の商品を探しだしたとしても，消費者は，商品の品定めや価格交渉などの取引条件について，生産者との間で合意しなければならない。とくに商品の価格に関する合意は大きな問題である。この一連の過程に要する費用が消費者にとっての交渉費用である。

2. 商業者の行動特性

　生産者と消費者が直接向きあう直接流通が可能であるにもかかわらず，現代経済における流通形態の主流は，商業者を媒介とした間接流通である。なぜそうなるのだろうか。その理由は商業者の行動特性に由来している。

　商業者は，商品を販売するためには何よりもまず他人から商品を購買しなければならない。同様に，消費者もまた生活を維持していくためには他人から商品を購買しなければならない。商業者にしろ，消費者にしろ，自ら商品を生産することはない。他人から商品を購買するという側面だけに注目すれば，商業者と消費者は同じ行動特性をもっているかのようにみえる。しかしもちろんそうではない。両者の商品購買行動はまったく異質なものである。

　消費者が商品を購買する目的は，いうまでもなく，自らがその商品を消費することにある。したがって，消費者による商品購買は，量的制約および質的制約をもっている。消費者は，量的限度を超えて購買しない（個人の昼食用として100個のハンバーガーを購入しない）し，質的に不要なものは購買しない（ハンバーガーが嫌いであれば購入しない）。

　これに対して，商業者が商品を購買するのは，その商品を他者に再販売するためである。再販売を目的とした商品購入では，消費者の商品購買にみられた制約を受けることはない。つまり，商業者による商品購買は，次の2つの制約から解放されている。第1に，商業者は生産者から一度に大量の商品を購買することができる（100個のハンバーガーを購入できる）。つまり，量的制約から解放されている。第2に，商業者は，再販売可能性があるかぎりどんな種類の商品でも購買することができる（ハンバーガーが嫌いかどうかは関係なく購入できる）。つまり，質的制約からも解放されている。商業者は，2つの側面において，消

費者に宿命的な制約を受けていないのである。

3.　社会的品揃え物の形成

　商業者の行動特性は，生産者から消費者への直接販売よりも，生産者から商業者への販売を格段に容易にする。その結果，商業者の手元にはまるで市^{いち}のような商品集合が形成される。この商品集合は，同種商品の集合として形成される場合もあれば，異種商品の集合として形成される場合もある。商業者の手元に形成される同種商品あるいは異種商品の集合は，**社会的品揃え物**と呼ばれる。

　社会的品揃え物の形成は，商業者の行動特性に由来するものであり，商業者だけにみられる現象である。生産者は，商業者と同じ意味での社会的品揃え物を形成することはない。生産者の手元に形成される商品集合は，自らが生産した商品の集合であって，他者から購買した商品ではない。しかも，それは，生産活動の結果生まれたものであるから，質的にきわめて限定された商品集合である。したがって，生産者のもつ商品集合と，商業者の形成する社会的品揃え物とは，まったく性質を異にする。

　消費者もまた商業者と同じ意味での社会的品揃え物を形成することはない。確かに，消費者の手元に形成される商品集合は，質的多様性をもっている。しかし，消費者の手元にある商品集合は，個人的需要という制約を宿命的に背負っている。消費者は，質的にみても，量的にみても，その限度を超えて商品を保有することはない。そして，何よりも，消費者は手持ちの商品をけっして他者に再販売することはない。したがって，消費者の保有する商品集合もまた，商業者の形成する社会的品揃え物とは，まったく性質の異なるものである。

第 4 節　商業者介在の根拠

1.　売買集中の原理

　商業者による社会的品揃え物の形成は，取引関係からみると，生産者の販売が商業者へ社会的に集中することを意味している。それでは，消費者との取引

関係からみると，商業者の社会的品揃え物はどのような意味をもっているだろうか。

　直接流通における生産者との取引で消費者が厄介としたのは，希望する商品を誰が生産しているのかを知らないだけでなく，欲しい商品を探り当てても生産者との煩わしい交渉が控えているということであった。消費者は，商品を手に入れるまでに，相応の**取引費用**（探索費用と交渉費用）を負担しなければならない。しかも，ただ１つの商品を購買すればよいわけではなく，生活を維持していくためには，消費者は多種類の商品を購買し続けなければならない。したがって，消費者からみれば，商業者の形成する社会的品揃え物は，次の２つの点できわめて魅力的な存在となる。ひとつは，消費者は，商業者を利用することによって，複数の生産者による商品を比較購買できる。もうひとつは，消費者は，商業者のもとに行くだけで，多種類の商品を一度に購入できる。前者は同種商品の集合としての魅力であり，後者は異種商品の集合としての魅力である。必然的に，社会的品揃え物に引き寄せられるように，多数の消費者が商業者のもとへ集まってくる。それは，消費者の購買が商業者のもとへ社会的に集中することに他ならない。

　要するに，商業者の形成する社会的品揃え物は，取引関係という観点からみれば，生産者の販売と消費者の購買が商業者のもとへ社会的に集中することを意味するのである。商業論は，これを**売買集中の原理**と呼び，きわめて重要な概念として位置づける。売買集中の原理は，商業者が介入した間接流通が直接流通に対する絶対的優位性をもつための源泉として作用するからである。その第１は，商業者が流通活動に特化したことによる専門化の利益である。その第２は，生産者と消費者に対する取引費用節減効果である。それでは，商業者介在の根拠となる第２の効果についてみていこう。

2. 探索費用の節減効果

　売買集中の原理による取引費用節減効果には，いったいどのようなメカニズムが働いているのだろうか。ここではまず，取引費用の構成要素のひとつであ

る**探索費用の節減効果**から考察していこう。ここで鍵となるのは，売買集中に伴う**取引数の減少**である。

　売買集中の原理は，消費者からみれば，商業者のもとへの多数の生産者の販売が集中しているという点に大きな意義がある。つまり，消費者にとって商業者の利用は，生産者集団との出会いを実現する。この出会いは，次の２つの側面を含んでいる。異種商品を生産する生産者集団との出会いと同種商品を生産する生産者集団との出会いである。いずれにしろ，消費者は，商業者と接触するだけで，自らが必要とする商品と巡り会う可能性は格段に高くなる。ここに，商業者介在による消費者の探索費用節減の根拠がある。

　異種商品の生産者集団との出会いは，社会的品揃え物という視点からいえば，**品揃え物の広さ**との出会いである。消費者はワンストップショッピングの有利性を享受する。消費者が必要とする商品は，質的には多様であるが，量的にはきわめて少量である。消費者は，商業者の形成する品揃え物の広さを活用することによって，多種類の商品を一度に購買することができる。多種類の商品生産者を探しまわる煩雑さから解放されるのである。

　同種商品の生産者集団との出会いは，**品揃え物の深さ**との出会いである。消費者が多数の同種商品群のなかからどの商品を購入するかを決断するためには，代替可能な商品群における比較情報を事前に収集しておく必要がある。とくに商品の品質情報と価格情報は不可欠である。消費者は，商業者の形成する品揃え物の深さを活用することで，同種商品群の品質情報と価格情報を一度に手に入れることができる。これは，商業者の社会的品揃え物が複数の生産者の商品の比較情報を，実物展示という方法で提供するという商業者独自の情報提供機能に由来する。商業者は，商品に関するもっとも確実な情報源である実物情報というかたちで，消費者に対して同種商品間の比較情報を提供するのである。

　また，売買集中の原理は，生産者からみれば，商業者のもとへ多くの消費者の購買が集中している点に大きな意義がある。生産者は，商業者と接触するだけで，消費者集団に出会うことができる。つまり，生産者は，商業者へ商品を販売することによって，その商品を必要としている消費者と巡り合う可能性が

格段に高まる。消費者を探しまわる煩雑さから解放される。商業者介在による生産者の探索費用節減根拠はここにある。

3. 交渉費用の節減効果

　今度は，取引費用のもうひとつの構成要素である**交渉費用の節減効果**について考えよう。ここで鍵となるのは，売買集中に伴う**情報の集中**である。

　売買集中の原理は，情報という観点からみれば，周辺市場における需要状況に関する情報（消費者情報）が商業者のもとへ集中することを意味する。その情報をもとに，商業者は生産者との間で取引成立へ向けた活動を展開する。商業者は，生産者との交渉過程に際して，常に消費者への再販売可能性を考えているから，接触したすべての生産者と取引を成立させているわけではない。しかも，既に取引関係にある生産者の商品でさえ，そのすべてを無条件に仕入れているわけでもない。商業者は，自らのもとに集まってくる需要情報を念頭におきながら，生産者を選別し，商品を選別している。これは，とりもなおさず，商業者が消費者の交渉代理人として機能していることを示している。結果として，商業者の形成する品揃え物は，単なる商品集合ではなく，周辺市場における消費者需要が強く反映された商品集合となるだろう。消費者の負担すべき交渉費用が節減されるのは，このためである。

　また，商業者への売買集中は，供給状況に関する情報（生産者情報）の集中でもある。その情報をもとに，商業者は消費者との間で取引成立を目指して活動を展開する。商業者は，商品の供給可能性（仕入可能性）を考えながら消費者と向き合う。これは，商業者が生産者の交渉代理人として機能していることを示している。商業者のこうした活動によって，生産者の負担すべき交渉費用は節減される。

　以上は，次のように言い直してもよい。第1に，商業者が一種のミニチュア市場として機能することによって，価格交渉を効率化させるということである（田村 2001，pp.84-85）。商業者の内部に擬似的なミクロ競争市場が創造され，それが周辺市場における需給を整合させる価格を形成するのである。そして，

第2に，商業者は，商品に対する消費者の評判や苦情を中立的な立場で収集することによって，品質交渉を効率化するということである（田村 2001, pp.85-86）。仲介業者としての商業者は，品質保証者として機能する。この2つの作用によって，生産者と消費者との直接交渉と比較して，生産者と商業者および商業者と消費者との交渉はよりスムーズに運ぶようになる。こうして，商業者の介在は交渉費用を節減する。

注

1）物々交換はその性質上個別的で自足完了的な交換の形態である（森下 1960, p.2）。
2）X財がそれを持つAから，Bの持つY財と交換されて，Bの所有に移転するだけでは，交換であっても流通ではない。このX財が更にCへ，Dへと転々と移転するとき，この一連の移転系列はX財の流通とみることができる（荒川 1983, p.126）。
3）使用価値に即してみれば交換は商品所有者の個人的過程であり，価値に即してみればそれは一般的な社会的過程である（森下 1993, p.10）
4）具体的に分かりやすく言えば次のようになる。パンの生産者Aと帽子の生産者Bを想定しよう。生産者Aは，パンを帽子と交換したいと願っている。この交換は，生産者Aからみてきわめて個人的過程である。しかし，生産者Bがパンの有用性を感じなければ（つまり，現在空腹でない，あるいはパンが嫌い），交換に応じることは絶対にない。パンと帽子との交換は，生産者Aにとって個人的過程であったはずなのだが，交換相手の事情が加味されることによって社会的過程となる。
5）第2章で詳しく述べるように，商業者の介入はただひとつとは限らず，生産者と消費者との間に何段階もの介入が行われることもある（これを商業の段階分化という）。

（参考文献）

1）荒川 祐吉（1974）「商業および商業学の史的展開」，久保村 隆祐・荒川 祐吉編『商業学』有斐閣
2）荒川 祐吉（1983）『商学原理』中央経済社
3）大阪市立大学商学部編（2002）『流通』有斐閣
4）佐藤 善信（1989）「商業の機能と構造」，石原 武政・池尾 恭一・佐藤 善信『商業学』有斐閣
5）鈴木 安昭（2010）『新・流通と商業（第5版）』有斐閣
6）鈴木 安昭・田村 正紀（1980）『商業論』有斐閣
7）田村 正紀（2001）『流通原理』千倉書房
8）西島 博樹（2008）「流通と商業」，岩永 忠康・佐々木 保幸編『流通と消費者』慶應義塾大学出版会
9）西島 博樹（2011）『現代流通の構造と競争』同友館

10）西島 博樹（2013）「商業の基礎理論」岩永 忠康監修・西島 博樹・片山 富弘・
　　岩永 忠康編『現代流通の基礎理論』五絃舎
11）森下 二次也（1960）『現代商業経済論』有斐閣
12）森下 二次也（1993）『商業経済論の体系と展開』千倉書房

第2章

商業の構造と競争

本章の構成

本章のポイント

　現実の商業は多様な商業者で構成されている。垂直的にみると卸売商業者と小売商業者が存在し，水平的にみると業種店や業態店が存在する。本章では，現実の商業の内部構造を規定する構成原理と競争原理について考察する。

〇第1節では，現実の商業が多様な商業者で構成されていることを確認する。

〇第2節では，商業の段階分化（卸売商業と小売商業の存在）の原理と意義について学習する。

〇第3節では，商業の部門分化（業種店と商業集積の存在）の原理と意義について学習する。

〇第4節では，小売業態の誕生プロセスを説明した代表的理論である小売の輪の理論と真空地帯理論を学習する。

〇第5節では，具体的な買い物の場としての小売市場と小売競争の特性について学習する。

第1節　商業内部の多様性

　前章で学習したように，商業論は売買集中の原理を商業存立の基本原理とし て位置づけている。**売買集中の原理**は，生産者の販売と消費者の購買が商業者 に集中すればするほど，取引の効率性が高まる（取引数が削減される）ことを暗 示している。したがって，この原理を文字通り解釈すれば，商業は１つの巨大 商業者に収斂するはずである。だが，現実の商業の姿はそうなっていない。

　われわれが実際に目にする商業は，多種多様な商業者によって構成されてい る。小売業態店と呼ばれる店舗（百貨店，スーパーマーケット，コンビニエンス・ ストアなど）だけでなく，業種店と呼ばれる家族経営の零細店（精肉店，鮮魚店， 八百屋など）もまた，数多く存在している。さらに，小売商業者の上流には卸 売商業者が介在して流通経路における機能を分担している。つまり，抽象理論 が描きだす売買集中の原理を現実的意味で捉えたとき，けっして１点集中を求 めていたわけではなく，分散的集中を意味していたのである。

　商業論は，多様な商業者の存在という現実に対して，**商業分化**の問題とし て理論的に説明してきた。それは，**商業の段階分化**と**商業の部門分化**という２ つの方向がある。前者の段階分化は卸売商業と小売商業への分化であり，後者 の部門分化は卸売商業内部および小売商業内部における専門化である。

第2節　商業の垂直的構造

1.　商業の段階分化の原理

　商業内部において卸売商業と小売商業という２つのタイプの商業が存在して いるのは何故か，すなわち商業が段階分化するのは何故かという疑問に対して， 商業論は次のように説明する（森下 1967, pp.91-99。加藤 1994, pp.118-119）。 この問題を解く鍵は，商業内部における宿命的矛盾にある。

　商業者は大規模化を必然的に要求する。大規模化の方向性は，商業論の基底

原理である売買集中の原理の現実的作用である。商業者は大規模化することで，生産者と消費者に対して取引時間と取引費用を節減させるだけでなく，商業者自身に対しても規模のメリットによる費用節減効果をもたらす。

　その一方で，商業者は小規模分散性の方向性もまた宿命的に背負っている。ここでいう商業者とは，消費者と直接向き合う小売商業者である。疑いようもない事実として存在する個人的消費の小規模性，分散性，個別性を反映して，小売商業者は小規模分散的とならざるを得ない。個人的消費の小規模性は貯蔵用食品の発達や家庭貯蔵設備の普及により，分散性は交通機関の発達や人口の都市集中により，個別性は商品の標準化や広告の徹底などにより，それぞれある程度まで緩和される。しかし，いかに経済が発展したところで，個人的消費の 3 つの特性が完全に取り除かれることはない。

　大規模化と小規模分散化という 2 つの要求は，明らかに商業内部における矛盾である。生産者と消費者との間に小売商業者しか存在しないならば，この矛盾は商業内部に滞ったまま一向に解消されない。そこで，内的矛盾の解消策として，生産者と小売商業者との間に新たにもう 1 段階の商業である卸売商業者が介入する。**卸売商業者**は流通経路の上流に位置して大規模化の要求を実現し，**小売商業者**は消費者と直接向き合って小規模分散性の要求を実現する。

　商業の段階分化は，社会的な商品流通をより効率化する方向に作用する。原理的にいえば，商品流通の効率性を高める限りにおいて，さらに数段階の卸売商業者（蒐集卸売商業者，中継卸売商業者，分散卸売商業者）が介入することもあり得る。

2．商業の段階分化の意義

　商業の段階分化によって，流通経路における最上流の生産者から最下流の消費者へ至るまでに，少なくとも卸売商業者と小売商業者という 2 段階の商業者を介在させた取引連鎖が形成される。この垂直的取引連鎖の形成は，市場に対してどういった意義（意味合い）を与えることになるだろうか。空間的視点から考えてみよう。

図 2-1　商業の段階分化のイメージ

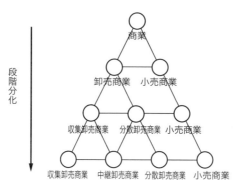

出所：西島（2011b），p.43

　結論からいえば，取引連鎖形成の空間的意味合いは，**市場の広域化**である。生産者側からみていこう。生産者が直接的に取引できる消費者は，ある一定の空間的範囲内に限定される。なぜなら，現実の取引には取引時間と取引費用を必要とするからである。より広域的に取引しようとすればするほど，それに要する時間と費用は膨らんでいき，やがて限界値となる。それが生産者にとっての空間的限界域（**商圏**）である。

　この空間的制約を緩和したのが，商業者の媒介であった。商業者は，自らの商圏内に取引相手として多数の消費者を抱えている。生産者の立場からいえば，空間内に散在して存在する多数の消費者を，商業者がいわば一つに束ねている存在に映る。したがって，原理的にいえば，生産者は，それぞれ別々の空間を商圏とする複数の商業者と取引することで，間接的ではあるが，その配下に存在する消費者に向き合うことができる。商業者の介在によって生産者の空間的制約が取り除かれる。生産者は，複数の商業者が作り出す広域市場に向けて生産を拡大することができる。商業者の媒介が生産の大規模化の基盤として作用する。しかし，もちろんこれにも限界がある。

　このとき，生産者と商業者（小売商業者）との間にさらにもう1段階の商業者（卸売商業者）を媒介させることで，生産者は市場をより広域化することが

できる。その原理は，上述した1段階の商業者（小売商業者）が介入した場合とまったく同じである。すなわち，生産者の立場からみると，広域空間に散在する多数の小売商業者を，卸売商業者が1つに束ねる存在に映るのである。生産者は，商圏を異にする複数の卸売商業者と取引することで，間接的ではあるが，その配下に存在する小売商業者と結びつくことができるだけでなく，さらにその配下に存在する消費者と向き合うことができる。卸売商業者は，複数の商圏を結び付ける結節点として機能する。生産者は，結節点としての卸売商業者を利用することで，空間的制約の問題をほぼ解消することができる。卸売商業者は商品売買を広域的に媒介することで生産者に広域市場を提供し，小売商業者は狭い空間内で小規模分散的に商品を提供することで消費者の生活を支える。商業内部における**垂直的分業関係**が成立する。

　取引連鎖の形成による市場の空間的広域化は，生産者に対して取引相手としての消費者を幾何級数的に増加させる（石原 2002，pp.52-53）。卸売商業者を介在させた取引連鎖は，生産者にとって本来ならば手の届かなかったはずの消費者との間接的取引関係を実現するからである。それはまた同時に，生産者間の競争関係が無限の空間にまで広がっていくことでもある。商業の内部における段階的な取引連鎖は，もともとは空間的に独立して存在していたはずの市場を互いに連結し，やがて無限ともいえるような広域的市場を形成する。その反射として，生産者は，より広域的な競争関係に直面せざるを得ない状況に巻き込まれてしまう。生産者間における自由な競争が市場価格を成立させるとすれば，商業の段階的取引を媒介とすることによって，競争価格を成立させる空間的影響力は連鎖的に拡大していくのである。

第3節　商業の水平的構造

1.　商業の部門分化の原理

　商業論は，現実の商業がなぜ部門別に分かれて存在するのかという疑問に対して，次のような説明を与えている（森下 1977，pp.145-149）。

　商業における部門分化の根拠は，一言でいえば，商品販売のための技術的操作の相違である。たとえば，**消費財**という同じ範疇に属する商品であっても，**最寄品**を販売するための技術と**買回品**を販売するための技術とでは明らかに異なっている。最寄品だけに絞って考えても，食料品と医薬品とでは異なった販売技術が要求される。まったく同じ食料品でさえ，国内市場と海外市場とでは，そこに求められる販売技術は自ずと違ってくるだろう。このように，商品を販売するために必要とされる技術的操作は，商品間において宿命的に異なっている。それが必然的に，商業内部における社会的分業を推し進める原動力として作用する。

　商品販売のための技術的操作は，具体的にいえば，商品に関する知識や取り扱い技能，需給情報の収集能力，商品販売のための施設や設備などから構成される。もちろん，厳密にいえば，それらがすべて同じであるという商品など存在しないが，しかし比較的似通った商品群が存在することもまた否定できない。この似通った商品をひとまとめに区分した商品集合が**業種**である。商業者は，同じ業種に属する商品群をまとめて取り扱うことの利益は大きいが，それ以外の商品まで同時に取り扱うことになればかえって不利益をもたらすことになる（石原 2000，pp.118-119）。

図 2-2　商業の部門化のイメージ

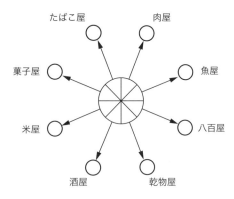

出所：西島（2011b），p.45

2.　商業の部門分化の限界

　経済発展にともなって生産部門の専門化が進展すると，商品は多様化し，商品間における販売技術の差異はいっそう拡大する。これはもちろん，商業内部における**水平的分業関係**，すなわち商業の部門分化をますます進展させる方向に作用する。しかし，この方向が無限に続くわけではない。

　商業存立の基本原理は，商業者が多数の売買および売買操作を集中させ，その結果として取引費用を節約させることにあった。したがって，部門分化は，売買集中の原理に制約されるものであり，あくまでもその原理の作用を否定しない程度においてのみ認められる（森下 1967，p.103）。商業の部門分化の方向が，生産と消費の効率的媒介の実現を否定する方向に向かっているならば，売買集中の原理と明らかに矛盾する。これが商業の部門分化の限界域である。

3.　商業の部門分化の意義

　商業の部門分化はどのような意義をもっているだろうか。それは，消費者に対する商品探索の効率性の実現である。すなわち，消費者がほとんど悩むことなく目当ての商品を探索できるのは，部門別に専門化した小売商業者が当該部門の商品群を効果的に取り揃えているからである。

　消費者は，1 つの巨大商業者のなかに一堂に集められた商品集合から，目的の商品を探しだすことはきわめて困難である。商業者が自らの得意に応じて商品を細かく分類し，整理しているからこそ，消費者は目当ての商品を簡単に探し出せる（石原 2000，pp.132-134）。消費者は，多様な姿をもって存在する商業者（**業種店**）を使い分けているのである。

　商業者がある基準にもとづいて商品を分類し，整理するためには，十分な商品知識を必要とする。必然的に業種店では，限定された商品集合が形成される。その限定された商品集合が消費者の**段階的探索**を手助けし，消費者の探索費用を節減する。ここに商業の水平的分業としての部門分化の意義がある。

4. 商業集積

　小売店舗は相互に近接した場所に立地して**商業集積**を形成する。その根拠は，孤立して立地するよりも，複数の店舗が隣接して立地する方が，来店する消費者数を増加させることができる点にある。これを**集積の経済**というが，消費者数の増加は，①近接店舗の吸引顧客からの波及顧客，②複数店舗の近接による相乗効果で吸引した相乗顧客，という２つのタイプの消費者から構成される（田村 2001，pp.199-200）。個々の店舗からみれば，商業集積を形成することで競合店舗は増加するが，その損失を補って余るだけの利益をもたらすのである。

　同業種店による商業集積（たとえば，秋葉原における電気店街）は，消費者の探索費用を大きく削減するとともに，店舗間の移動費用や買物に要する時間費用を削減する。この消費者費用の削減効果が，より多くの消費者を同業種の商業集積に引き付ける。同様に，異業種店による商業集積（たとえば，商店街）もまた消費者費用を削減する。それは，消費者が複数の目的をもって買い物に出かけるケースであり，いわゆる**ワン・ストップ・ショッピング**の利益である。

　同業種店および異業種店の集合としての商業集積は，歴史的にみて自然発生的に形成されているという特性を有している。これに対して，**ショッピングセンター**（以下，SC）は人為的・計画的に形成される商業集積である。SC は，デベロッパー（開発業者）による全体管理のもと，百貨店や総合量販店を核店舗として，それを取り囲むように飲食店，レジャー施設，専門店などが配置される。すなわち，SC の主役は，百貨店，総合量販店，専門量販店などの小売業態店である。そこで，次節では近代的小売商業としての小売業態に焦点を当てて考察していこう。

第4節　小売業態生成の理論

1. 小売業態の誕生

　業種店が「なにを売るのか（what to sell）」という視点で分類されるのに対して，**小売業態店**は「いかに売るのか（how to sell）」という視点で分類される。

まったく新しいコンセプトのもとに新しい技術に支えられた小売業が誕生するが，この新しいコンセプトと技術の総体が小売業態であり，それを具体的な小売業として体現するのが小売業態店である（石原 2000，p.190）。

　たとえば，食品スーパーとコンビニエンス・ストアでは，食料品の販売（what to sell）という点で共通しているが，その売り方（how to sell）は明らかに異なっている。この 2 つの小売業態は，新しい小売技術に支えられて誕生した。**食品スーパー**は，生鮮食料品の中に存在した取り扱い技術の壁を取り払い，野菜，果物，鮮魚，肉などを同列に取り扱うことを可能とした。**コンビニエンス・ストア**は，徹底した単品管理，多頻度小口配送システムなどの新技術を駆使して，食料品，雑貨，トイレタリー，雑誌など，多くの業種にまたがる商品群を効率的に管理することを可能とした（石原 2000，pp.191-192）。

　小売業態の歴史を振り返れば，19 世紀の中頃に世界最初の小売業態としての百貨店がフランスで誕生し，その後，通信販売（アメリカ，19 世紀中旬），スーパーマーケット（アメリカ，20 世紀初頭），コンビニエンス・ストア（アメリカ，20 世紀初頭），ディスカウント・ストア（アメリカ，20 世紀中旬）などが生まれている。さらに，近年では，ドラッグストア，ホームセンター，アウトレットモール，カテゴリーキラー，会員制ホールセールクラブなど，多くの小売業態が新しいコンセプトと小売技術を駆使して消費者に買い物場所を提供している。

　このように，多種多様な小売業態が次々と誕生し，進化するという現象が繰り返し起こるのは何故だろうか，小売業態の生成と発展に法則性を見いだすことはできるのだろうか。そこで次に，その法則性の探求に切り込んだ代表的理論として，小売の輪の理論と真空地帯理論を紹介していこう。

2.　小売の輪の理論

　小売の輪の理論は，ハーバード大学ビジネススクールの**マクネア**によって提唱された（McNair1958，pp.17-18）。その特徴は，小売店舗間の競争過程という観点から，小売業態生成の法則性を見出した点にある。マクネアは，新しい小売業態が誕生するまでのプロセスを以下のように説明する。

①革新的小売業者の登場

　低コスト・低サービスを特徴とする革新的運営システムを開発した小売業者（以下，革新者という）が低価格を訴求して小売市場に登場する。革新者による低価格販売は多くの消費者を引きつけ，小売市場において新しい小売業態として認知される。

②模倣者の出現

　革新者と類似した費用構造を有する多くの模倣者（追随者）が小売市場に現れる。このとき，革新者にとって低価格はもはや有効な差別化手段ではなくなる。

③革新者による格上げ

　革新者は，品揃えの拡大と高級化，低回転・高マージン商品の取り扱い，サービスの拡大（配達，掛け売りなど），豪華さの実現（店舗の内装と外観）など，模倣者への対抗措置を実施する。これらの手段を**格上げ（トレーディングアップ）**という。格上げは，参入当初の低サービス・低コストを武器とした革新者を，高サービス・高コストを特徴とする小売業態へと変貌させる。

図 2-3　小売の輪の理論の解説図

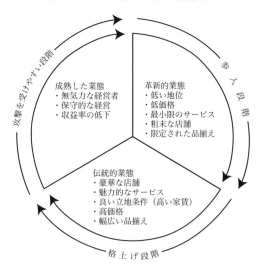

出所：鳥羽（2013），p.82

④小売の輪は回る

　革新者による格上げの結果，低価格の需要領域に参入余地が生まれ，低コスト，低サービスを特徴とする革新的小売業者（新しい革新者）の誕生を誘発する。だが，新しい革新者もまた，やがては小売市場での競争過程を通じて格上げを実施し，その結果，低価格販売の領域に空白地帯が生まれる。このように①～③の展開が繰り返されることで，小売市場において革新的小売業態が誕生してくるのである。

　マクネアが提唱した小売の輪の理論は，アメリカ市場における小売業態発展の法則性を見事に捉えていると評価されている。しかし，普遍性において問題があった。世界各国の現実と対比させると，革新者は必ずしも低コスト・低サービスを訴求して登場しているわけではなかったのである。たとえば，低価格ではなく利便性を重視する（結果として，相対的に高価格販売となる）コンビニエンス・ストアはその典型である。また，発展途上国で登場する近代的なスーパーマーケットは，伝統的小売市場に比べて生鮮食料品の価格が高くなる傾向にあると言われている。

3.　真空地帯理論

　小売の輪の理論に対する批判に応えるように，現実妥当性に挑んだざまざまな理論がその後公表されている。そのなかでもっとも有名な理論が，コペンハーゲン・ビジネススクールの**ニールセン**により提唱された**真空地帯理論**である（Nielsen1966, pp.101-115）。ニールセンが示す小売業態の誕生プロセスは以下の通りである。

①選好度が高い小売業態Ｂ

　真空地帯理論は，**選好分布曲線**を用いて新たな小売業態の誕生を説明する。その縦軸は消費者の選好度を，横軸は価格・サービス水準（小売業態）を表している。選好分布曲線の頂点を示すＢ点（小売業態Ｂ）は標準的（中間的）な価格とサービスを提供する小売業態を表している。横軸は右側に行くほど価格・サービス水準が高くなるから，Ｂより左側に位置するＡ点（小売業態Ａ）は，

相対的に低価格・低サービスの小売業態であり，Bより右側に位置するC点（小売業態C）は高価格・高サービスの小売業態となる。この３つの小売業態のうち，消費者の支持がもっとも高いのは，標準的な価格とサービスを提供する小売業態Bであると仮定される。

②小売業態Aによる格上げ

消費者の高い選好度をもつ小売業態Bの存在を仮定すれば，小売業態Aはどのような行動にでるだろうか。小売業態Aがより多くの消費者の支持を得る（選好分布曲線上で消費者の選好度を上昇させる）ためには，図2-4から明らかなように，価格・サービス水準を右側にシフト（A→A′），すなわち**格上げ（トレーディングアップ）**しなければならない。これにより小売業態Bを選好する消費者層に食い込むことができるからである。

③小売業態Cによる格下げ

小売業態Cの行動は，小売業態Aとは逆の行動にでる。すなわち，高価格・高サービスの小売業態Cは，価格・サービス水準を左側にシフト（C→C′）することによって，小売業態Bを選好する消費者層を獲得できる。この行動を**格下げ（トレーディングダウン）**という。

④真空地帯の形成

小売業態Aによる格上げと小売業態Cによる格下げの結果，標準的な価格・サービス水準（小売業態B）の市場領域で激しい競争が展開されることになる。その一方で，小売業態Aと小売業態Cがもともと対応していた市場領域において，消費者需要への対応が希薄化する。この希薄化した市場領域（図2-4の斜線部分）を**真空地帯**という。

⑤新たな小売業態の参入

真空地帯となった価格・サービス水準を需要する消費者を狙って，新しい小売業態が参入してくる。つまり，左側の真空地帯では低価格・低サービスを訴求する小売業態が新規に参入し，右側の真空地帯には高価格・高サービスを志向する小売業態が新規に参入するのである。

図 2-4　真空地帯理論の解説図

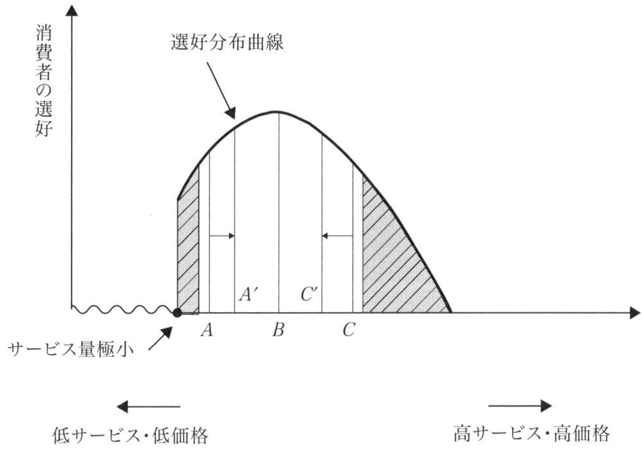

出所：鈴木（2010），p.167

　真空地帯理論は，高価格・高サービスを志向する小売業態の登場可能性を明確化した点で，小売の輪の理論の弱点を克服したと評価できる（白石 1987, pp.126-130）。また，市場に参入する革新者は，格上げだけでなく，格下げという行動にもでる可能性を示している。しかし，問題点がないわけではない。第1に，標準的な価格・サービス水準を訴求する小売業態の登場が説明されていない。第2に，小売業態Aと小売業態Cによる新規参入に対する小売業態Bの応戦行動についても考慮されていない（鳥羽 2013, p.84）。

第5節　小売市場と小売競争

1.　小売市場

　小売商業者は，流通機構の末端に位置する消費者を対象として，具体的な場としての店舗を構えて商品を販売する経済主体である。既述のように，小売店舗が吸引することができる消費者は，空間的に限定された範囲に居住する限定された消費者である。小売店舗からみたこの空間的範囲を**商圏**という。商圏の

空間的限定性は，消費者が買い物のために移動できる範囲が空間的に制約され
ていることに起因する。つまり，小売店舗までの移動距離が増加するにつれて，
消費者の負担する買物費用が増加し，それはやがて限界値に達してしまう。

　小売市場は，商圏が重なり合う場所に居住する消費者の獲得を求めて，複数
の小売店舗が競争する空間的な領域である。消費者からみると，買い物のため
に移動できる距離に複数の小売店舗が存在し，この中から買い物場所としての
店舗を選択する。小売市場は，消費者の移動可能範囲という比較的狭い領域に
制約されているから，**地域小売市場**と呼ぶことができる。そして，全体として
の小売市場は，多数の地域小売市場が部分的に重複部分を含みながら鎖状に連
結して構成される（田村 2001，p.195）。

　小売市場の空間的制約は絶対的なものではなく，領域内の環境が変化するこ
とでその範囲は拡大する。たとえば，マイカーの普及，道路状況の改善，交通
機関の整備などは，消費者の行動半径を広げて，小売市場を広域化する。ある
いは，革新的な小売商業者の参入は，比較的安定していた小売市場の空間的範
囲を打ち破る方向に作用する。革新的小売商業者が，魅力的な品揃え，安価な
商品，快適な店舗空間，差別的なサービスなどを提供することで，より遠方の
消費者を引き付けるからである。消費者は，追加的な移動費用を負担する以上
に，その店舗から高い満足度を得ることができれば，遠距離の移動を厭わない
であろう。

2.　小売競争

　小売市場では，複数の小売店舗が共通する消費者の獲得を巡って熾烈な競争
を展開している。小売市場における店舗間競争を**小売競争**と呼ぶことにしよう。
小売競争は，地域寡占，独占的競争，品揃え価格競争という3つの特性を有し
ている（高嶋 2012，pp.204-209）。

　小売競争は，空間内に閉じ込められた消費者の獲得競争である。小売店舗は，
量的に制限された需要（限られたパイ）を互いに奪い合う。結果として，一定
の空間的範囲に存在し得る小売店舗は数的に限られてしまう。こうして，競争

力のある少数の小売店舗が市場を支配するという状況，いわゆる**地域寡占**が形成される。

独占的競争とは，差別化を伴う競争である。小売店舗は，安価な商品価格だけで消費者を引き付けるわけではない。都市中心部など賑やかな場所に立地したり，きめ細かなサービスを提供したり，心安らぐ快適な買物空間を準備したりすることで，小売店舗はより多くの消費者の支持を得ることができる。あるいは，消費者の買物費用を低減させるような魅力的な品揃え，たとえばワンストップショッピングの便宜性を提供することができれば，競合店舗よりも競争上優位な立場に立つことができるだろう。このように，立地，サービス，品揃えなどで差別化に成功した店舗は，価格が多少高くても特定の消費者需要を獲得することができる。この状況が小売市場における独占的競争である。

品揃え価格とは，消費者による店舗選択の判断基準となる商品群の価格である。消費者の買い物行動をみると，ただひとつの商品だけを購入することはもちろんあるだろうが，複数の商品をまとめて購入するケースもまたけっして例外的な行動とはいえない。むしろ，食料品や日用品など，最寄品の買い物行動では，後者が一般的であるといってよい。このとき，消費者は，複数の商品を購入する際に，個々の価格を店舗間で比較して購入するのではなく，まず買い物する小売店舗を選択して，その店舗でまとめて購入するだろう。そうであるならば，小売店舗がより多くの消費者を獲得するためには，総じて安いという店舗イメージを抱かせることが重要な戦略となる。これが，小売競争における第3の特性としての品揃え価格競争である。

(参考文献)
1)　Cox, R.(1965), *Distribution in a High-Level Economy*, Prentice-Hall, Inc.（森下 二次也監訳『高度経済下の流通問題』中央経済社，1971 年）
2)　McNair, M.P.(1958), "Significant Trends and Developments in the Postwar Period" in Smith, A.B.(ed.), *Competitive Distribution in a Free High-Level Economy and Its Implications for the University*, University of Pittsburgh Press.
3)　Nielsen, O.(1966), "Development in Retailing" in Kjaer-Hansen, M. (ed.), *Readings in Danish Theory of Marketing*, North Holland Publishing Company

4) 荒川 祐吉 (1969)『商業構造と流通合理化』千倉書房

5) 荒川 祐吉・白石 善章 (1977)「小売商業形態展開の理論:『小売の輪』論と『真空地帯』論」『季刊 消費と流通』Vol.1 No.1, 日本経済新聞社

6) 石原 武政 (2000)『商業組織の内部編成』千倉書房

7) 石原 武政 (2002)「商業の市場形成機能」大阪市立大学商学部編『流通』有斐閣

8) 加藤 義忠 (1994)「商業の分化と流通機構」保田 芳昭・加藤 義忠編『現代流通論入門〔新版〕』有斐閣

9) 白石 善章 (1987)『流通構造と小売行動』千倉書房

10) 鈴木 安昭 (2010)『新・流通と商業〔第5版〕』有斐閣

11) 高嶋 克義 (2012)『現代商業学』有斐閣

12) 田島 義博・原田 英生編 (1997)『ゼミナール流通入門』日本経済新聞社

13) 田村 正紀 (2001)『流通原理』千倉書房

14) 鳥羽 達郎 (2013)「小売商業」岩永 忠康監修・西島 博樹・片山 富弘・岩永 忠康編『現代流通の基礎理論』五絃舎

15) 西島 博樹 (2011a)『現代流通の構造と競争』同友館

16) 西島 博樹 (2011b)「商業の基礎理論」岩永 忠康監修・西島 博樹・片山 富弘・岩永 忠康編『現代流通の基礎』五絃舎

17) 森下 二次也 (1967)「商業分化と商業組織」森下二次也編『商業概論』有斐閣

18) 森下 二次也 (1977)『現代商業経済論〔改訂版〕』有斐閣

第3章
日本の流通システム

本章の構成

第1節　流通システム

第2節　日本的流通システムの特徴

第3節　日本的取引関係

第4節　日本的取引慣行

本章のポイント

　わが国の流通システムは，日本の社会・文化・歴史的背景等に規定されながら日本固有の日本的流通システムとして，欧米先進諸国とは異質のものとして認識されている。そこで，本章は，日本的流通システムやそこでの取引関係や取引慣行について考察する。

　○第1節では，流通システムの概念と流通の役割について学習する。

　○第2節では，日本的流通システムの特徴について学習する。

　○第3節では，日本的流通システムを特徴づけている日本的取引関係について学習する。

　○第4節では，日本的流通システムを特徴づけている日本的取引慣行について学習する。

第1節　流通システム

1.　流通システムの概念

　流通システムは，生産者から卸売業者や小売業者を経て消費者に至るまでの垂直的関係における商品流通の社会的仕組みである。それは，長い歴史のなかで社会経済に定着し政治や文化等を反映したものであり，生産分野と比べて人的活動に依存するところが多く，それぞれの国・地域の社会構造や風俗・習慣など経済外要因にも影響を受けている（鈴木 1999, pp.4-5）。　なお，流通システムの内容は，生産者や卸売業者・小売業者などを構成要素とする流通構造のほか，これら流通内での取引関係や取引慣行等の流通行動を含んでいる。

2.　流通の役割

　流通は，生産と消費を連結する領域であり，商品が生産者から販売業者を経て消費者へ移転する現象ないし活動である。経済的役割ないし機能的視点からみると，流通は商品の生産と消費との間の懸隔を人的ならびに場所的・時間的に架橋する活動といえる。　この流通のうち，人的懸隔の架橋は商品の所有名義ないし所有権の移転に関わる**商的流通**（**取引流通**）であり，場所的・時間的懸隔の架橋は商品の場所的・時間的移転としての運送ないし保管といった**物的流通**である。したがって，流通は市場における商的流通とそれに伴う実質的な商品移転に関わる物的流通の両方を包摂するものである（鈴木 2002, p.4）。

　このような流通は，第1に生産された多種多様な商品を社会的に品揃えすることによって多様な消費需要に対応させるという，いわば商品需給を整合する役割を担っている。　第2に生産段階と消費段階を継起的ないし段階的に結合する役割を担っている。これは，流通が単なる生産者と消費者を媒介するだけでなく，生産者と消費者の間に卸売業者や小売業者が継起的・段階的に介在して経済活動を遂行する垂直的関係ないし競争関係にある（鈴木 2002, p.4）。

　ともあれ，流通は，生産と消費との間の懸隔を架橋し，個々の生産者の商品

を社会的商品として品揃えて多数の顧客や消費者に提供するという経済活動を遂行している。それと同時に流通機能を担当する卸売業者・小売業者などが生産者と消費者との垂直的関係ないし競争関係にあることを意味している。

第 2 節　日本的流通システムの特徴

　日本の流通システムいわゆる**日本型流通システム**[1]（以下，**日本的流通システム**とする）の特徴としては，1 つに先進諸国に比べて流通システムの発展の遅れや非効率性があげられる。たとえば，小売部門における零細性・過多性・生業性・低生産性および卸売部門における過多性・多段階性・複雑性である。もう 1 つには日本の流通システムにおける独占的諸力の弊害があげられる。たとえば，寡占メーカー主導型の**流通系列化**にみられる閉鎖的な流通システムである。これらが**日本的取引**や**日本的取引慣行**を通して**参入障壁**として機能し，それによって取引・流通費用を高めて小売価格を引き上げている（田村 1986, 序文 p.1）。

　日本の流通システムは，歴史的過程を通じて流通に関する社会的分業とりわけ垂直的分業が発達したことによって形成され，通常，卸売部門の複雑で長い多段階的構造を特徴としている（田島 1986, p.9）。この点について，「生産財を含むすべての商品の流通に，卸売業が深く関わる図式は，日本の流通システムの特性として残る。・・・その際の日本的特殊性は卸売業が広く商品流通に関与する垂直的分業にある。・・・欧米の流通システムと日本の流通システムを対比させると，欧米の流通システムは一貫して統合への指向を強く持っているのに対し，わが国の場合は，分業を前提として，より効率的な方向へ分業を再編しようとする傾向が観察される」と指摘されている（田島 1986, p.15）。

1.　流通システムの遅れや非効率性

　わが国の商業は，資本主義経済発展の後進性とその特異性にもとづく所得水準の低さや市場の地域性・狭隘性などに規定されて，零細性・過多性・生業性・

低生産性を特徴としていた。ところが，高度経済成長過程において大規模・寡占メーカーの積極的な経済活動による全国市場の創出や所得水準の向上によって大量生産システムと大衆消費社会が実現し，小売部門では新興小売業態であるスーパーの急速な発展により急激な変化がみられ，いわゆる**流通革命**が起こった。

　しかし他方では，高度経済成長がかなり長期にわたっていたために，**市場スラック**が発生し，零細性・過多性・生業性を特徴とする相対的に生産性の低い中小零細商業にも存続の機会が与えられた。しかも免許・許可制，税制および大型店規制など政府の政策が中小零細商業を温存させる制度的装置として強力に作用していたのである（田村 1986, pp.66-67）。

　小売部門についてみると，欧米諸国に比べて店舗密度つまり人口当たりの店舗数が多く（通商産業省編 1995, p.199），同時に生業的で生産性のきわめて低い個人商店を中心とする中小零細小売店（以下，中小小売店）が広範に存在している[2]。このような特徴は，生鮮食料品などにみられる**多頻度小口購買行動**，きめ細かなサービスの要請，人間関係を重視して最寄の小売店を利用するといった日本の消費者の購買行動パターンに適合するものである。他方では小売商業の開業や営業の容易さ，分散的かつ零細的な消費者の存在，小売商業の兼業的経営や副収入的経営などの小売経営条件といった，わが国の歴史的・文化的な諸要因と密接に関連するものである。ともあれ，日本の生業的な小売店舗数の過多性が，その裏面の関係として，店舗規模の零細性といった構造的特徴につながり，それがまた小売商業の低生産性に起因している。

　次に卸売部門についてみると，小売部門と同様に店舗密度つまり人口当たりの店舗数が多い（通商産業省編 1995, p.199）。これは，わが国の国土が島国であるという地理的条件も加わって，多数の中小小売店の広範な存在が多数の卸売商業の存在を必要としているからである。また，流通経路の多段階性ないし迂回度を捉える尺度としての**W/R 比率**が欧米先進諸国と比べて著しく高い。このことは，メーカーから小売商業への直売はほとんどなく，百貨店やスーパーなどの大規模小売商業も卸売商業を通して購入することが通例になってお

り，多くの商品が 2 段階ないしそれ以上の卸売段階を経由して流通しているからである。このことはまた，小売段階が 1 段階であるので，流通経路の長さは常に卸売段階数の多少によって規定される限り，日本の卸売部門は複雑で長い多段階的構造となっているのである（鈴木 1997, p.53）。

2.　流通システムの閉鎖性・独占性

　閉鎖的な日本の流通システムとして最も特徴的なものは，寡占メーカー主導型の流通系列化である。 **流通系列化**は，「製造業者が自己の商品の販売について，販売業者の協力を確保し，その販売について自己の政策が実現できるよう販売業者を把握し，組織化する一連の行為」（野田 1980, p.13）である。

　この寡占メーカーによる流通系列化は，主として自動車・家電・医薬品・化粧品など製品差別化の進んだ消費財分野においてみられる。現実に遂行されている流通系列化手段としては，再販売価格維持契約，一店一帳合制，テリトリー制，専売店制といった販売業者を直接的に拘束する手段のほか，差別的リベート制，店会制，払込制，委託販売制などの間接的な手段がある。これらの手段のうち流通系列化の狙いを最も端的に体現しているのは，専売店制と再販売価格維持契約であるが，これらの手段が単独で行使されることは稀であり，それらを巧妙に組み合わせることによって，強固な拘束体系を形成していることが多い。

　いずれにせよ，これらの流通系列化手段は，市場支配力を背景とする寡占メーカーが契約を通じて販売業者の自由な取引を排他的に制限し，流通末端での価格拘束と販路確保をめざすためのものである。これら流通系列化手段の中には，価格競争を忌避する非効率的な中小販売業者の利害と一致するものもあり，それどころか，寡占メーカーの巧妙な主導によって，寡占メーカーと販売業者との間には，運命共同体的な結束さえ見出されるのである（鈴木 1995, p.15）。

　ともあれ，寡占メーカーによる流通系列化は，生産から消費に至るまで自社製品の流通や価格を管理するために，販売業者を系列化して，マーケティングを貫徹していくものである。その場合，寡占メーカーは規模の経済性と製品差

別化にもとづき，その流通支配力を行使して販売業者を支配・管理する関係にあるが，同時にまた日本的取引関係や日本的取引慣行を媒介として利益共同体的性格をもっている。

そこで，日本の流通システムを特徴づけている日本的取引関係とそれを支えている日本的取引慣行について考察していこう。

第3節　日本的取引関係

今日の企業間取引においては市場取引と組織的取引がみられるが，日本の企業間取引は，取引当事者の1回限りの市場取引によって行われるというよりも，長期継続的取引あるいは組織的取引によって行われているところに特徴がみられる。それと同時に，そこでの取引は，品質・サービスへの高い要求，納期の厳格性，特殊な売買契約，手形による決済（売り手負担の金融）など多様な条件が要求される。つまり，日本の企業間取引にみられる日本的取引は，組織的取引関係を基盤とする多様な取引条件が要求される取引関係であり，さらに取引の根底には義理人情のきずな，個人的信頼関係，古い人間関係，顔なじみ，確立された信頼関係など（田村 1986, pp.9-10）といった社会的特質によって補完されていることに特殊性がみられる。そこで，日本的取引関係の特徴を取引形態と取引条件から考察してみよう。

1.　日本的取引関係の特徴

日本的取引を特徴づける企業間取引は，人的活動に依存する度合いが強く，個人的な信頼関係にもとづく長期継続的・組織的取引関係にある。

第1に，日本的取引としての企業間取引は，経済的合理性にもとづく透明度の高い契約関係というより，共同体・小集団にみられる個人的な信頼のうえに成り立つ人間関係に重きを置くものである。たとえば，自動車や家電製品の販売業者に対してメーカーが資本参加をベースとして役員を派遣する人的結合関係，商取引に際しての紹介者の必要性，社用のための個人的交際などといっ

た個人的な人間関係の重視は，一種の長期継続的な組織的取引関係を志向する
ものである（鈴木 1992, pp.280-281, 岩永 2001, p.191）。

　第 2 に，少数の取引相手と固定的な関係を結ぶことが基本となっている。
日本には歴史的に取引先を特定企業集団に絞るという企業グループ内取引が存
在し，特定の企業グループ内での取引頻度を高め長期継続的な取引関係を形成
している。このような企業間取引の長期継続的関係は，企業にとって長期的計
算のうえにもとづいて経営していくために必要なことであり，さらに株式所有
や役員派遣などが企業間関係を固定化させる手段として多くの企業で行われて
いる（鈴木 1992, p.281, 岩永 2001, p.191）。

　第 3 に，日本の企業間取引関係には，メーカーと販売業者の双方に短期的
な視点よりも長期的な視点から取引の継続性を求める風土があり，いったん取
引関係が成立すると，それが契機となって長期継続的・安定的取引が維持され
る傾向にある（鈴木 1992, p.281, 岩永 2001, p.191）。つまり，この企業間取
引関係は，取引当事者間で一連の取引が将来において続行される予定を含んで
いる長期継続的取引でもある。

　第 4 に，取引に際して契約書が作成されなかったり，契約が存在しても形
式に留まることが多い。もともと契約条項が厳密性を欠いているために，商取
引に際しては意見交換とその後の状況を考慮に入れながら柔軟に契約の解釈が
行われている（丸山 1990, p.63）。

　ともあれ，日本的取引は，人的な信頼関係を前提に必ずしも契約書によらな
い暗黙の契約のもとに，特定企業との固定的な取引関係で結ばれた長期継続的・
安定的な取引を重視する組織的取引を特徴としている。

2.　日本的取引条件の特徴

　日本的取引の特徴である組織的取引は，それを基盤とした信頼関係にもとづ
く多様で厳しい取引条件を不可欠としている。

　第 1 に，日本の消費者の品質やサービスに対する厳しい要望に応えるために，
取引条件として品質やサービスに対する厳しい要求が突き付けられる。たとえ

ば，消費者は機能上まったく影響のない疵であっても新品との交換を要求したり，故障の際の迅速な修理や自宅までの迅速な配達を要求している。また贈答品にも過剰な包装と配達の厳格さが要求され，わが国の商品配達の特徴である多頻度小口配達と密接に関連している。このように，日本の商取引に求められる顧客（最終的には消費者）への高い品質とサービス水準は，顧客の信用を獲得する，いわゆる「のれん」の役割を演じ，それによって競争のうえで優位な立場に立つことができる（岩永 2001, p.192）。

第2に，納期の厳格性が要求される。わが国における小売商業の低い在庫水準や消費者ニーズの品質・サービスに対する厳しい要求に対応し，かつ商品を安定かつ迅速に供給するためには納期の厳格性が要求される。つまり，商品の安定・迅速な供給や高い品質水準の要求は，短い在庫期間を要求し，短い在庫期間が納期の厳格性を要求する。したがって，納期の厳格性は市場での商品売り逃しを回避したり高い品質水準の要求に対応することができる（村上 2000, pp.43-45）。このように，日本の企業が取引相手に要求する取引条件はきわめて多様であり，それは単なる商品の売買を超えた種々の付帯サービスの提供を含んでいる。

第3に，一部の業界ではリスク回避のための特殊な売買契約慣行が行われている。市場取引は原則として買取仕入であるのに委託仕入や消化仕入といった返品条件付の仕入形態，つまり返品を正統化した仕入形態が慣行化している。委託仕入の場合，買い手が納入された商品の管理や労働を負担する。消化仕入の場合，売り手が売場での商品の管理や労働を負担し，しばしば派遣社員が要請される（岩永 2001, p.193）。

第4に，取引条件の多様性のもとで事後的な価格調整が行われている。わが国における商品の標準的な価格は，メーカーが自社商品に希望小売価格を設定し，それを基準にして流通各段階の取引価格が設定される，いわゆる建値制が慣行化している。この希望小売価格は，メーカーと販売業者との間の「共同利益の最大化」を志向するための協調行動であり，希望小売価格を維持しながら多様な取引条件をはたすことによって事後的に利益を調整する方法として商

品販売後に支給されるリベート制が慣行化している（岩永2001, p.193）。その
ために，企業間の取引は，長期的な代金決済が行われている。日本では商品の
取引時に現金で代金決済が行われることは少なく，締日後数カ月払いの手形と
いう代金決済が慣行化している（田村1986, p.135）。

　ともあれ，日本的取引は組織的取引と取引条件の多様性との相互関係に特徴
づけられている。しかしまた，日本的取引は長年にわたって企業間取引におい
て形成されたものであるだけに経済的機能と課題を含んでいる。そこで，日本
的取引の経済的機能をみていこう。

3.　日本的取引の経済的機能

　日本的取引の長期継続的な組織的取引[3] は，次のような経済的機能をはた
している。

　第1に，長期継続的取引による情報や知識の共有化によって，市場ないし需
要動向に関する不確実性を減少させたり，残存する危険を効率的に分担しよう
という効果が働いている（丸山1990, p.64）。

　第2に，取引関係を継続する過程で形成された相互理解や取引に関わる情報
や知識の蓄積によって，コミュニケーション・コストをはじめとする取引コス
トが節約される（丸山1990, p.64）。つまり，取引が数次ないし継続的に行われ，
しかも取引相手が特定されている組織的取引は，取引を通じてさまざまな情報
や知識が蓄積され，情報収集に関する規模の経済性を発揮することができる（伊
藤・松井1989, p.29）。

　第3に，長期継続的な組織的取引によって協調関係が発生しやすい。一般に，
市場取引における交渉は，取引当事者間における協調動機と衝突動機からなる
ゲームといわれているが，組織的取引においては，取引の衝突的側面が潜在化
し協調的側面が顕在化する傾向にある。それは，取引の基礎になっている組織
が取引当事者間での機会主義的行動を弱めたり，情報の偏在を克服したりして，
互酬関係をより発展させるからである（田村1986, p.136）。

　第4に，組織的取引にもとづく情報の共有化などにより経済活動に対する巧

みな連携プレーが生み出される。たとえば，メーカーと販売業者の情報の共有化による連携プレーは，販売業者にとっては，消費者への的確な情報提供によりブランドイメージの向上や在庫管理につながり，結果的に商品の販売促進に貢献している。他方，メーカーにとっては，小売業者から消費者ニーズをフィードバックすることにより，メーカーの製品計画に反映させることができる。そのうえ，緊急事態にも柔軟に対応できる。つまり，企業が日常の経済活動を行っていくなかで，予想もしなかった突発的な事態が発生した場合，企業間の長期継続的な取引関係によって，柔軟な対応が可能となり危機発生にもうまく対処することができるのである（西島 1997, pp.57-58）。

第5に，取引主体間における支払いないし決済を長期的視点から柔軟に行うことができる。長期継続的な取引を前提とするならば，一回一回の取引ごとに支払いをする必要がなく，支払いをまとめて後に回したり，価格が変動する状況においても支払いを安定化させたり，さまざまな対応が可能となる。つまり，長期継続的取引においては，長年の取引信用にもとづき長期的視点での決済や勘定を合わせることが可能であり，短期的な決済の煩雑さからも解放される。このような決済や支払い方法の調整は，また取引主体間での保険的役割や資本市場の役割などをはたすことにもなる（伊藤・松井 1989, p.31）。

第6に，組織的取引は，市場取引に比べて競争が制限され効率性が劣ると考えられがちであるが，しかし少数者の競争は，不特定多数の競争より「管理された競争」ないし「顔の見える競争」[4]として激しい側面もみられる。特に「顔の見える競争」は，競争の過程でお互いの特性がライバル間でよく観察され，それが競争意欲を高めることにつながる（伊藤・松井 1989, pp.37-40）。

このように日本的取引としての長期継続的な組織的取引は，一定の合理的な経済的機能を有し，今日でも日本の流通システムにおける主要な取引形態として存在している。しかし他方では，競争制限的な側面をもつことからアウトサイダーや海外企業にとっては参入障壁とみなされるなどの課題を抱えている。

4. 日本的取引の課題

日本的取引としての長期継続的な組織的取引は，競争制限的な側面をもつことから，次のような課題が指摘される。

第 1 に，新規参入が困難で参入障壁として作用している。日本的取引は，参入阻止の戦略的動機がなくても結果的に参入阻止効果が働いている。つまり，新規参入者が既存の取引相手より単に効率的に取引を行うというだけでなく，取引変更に要するコストもかかる。しかも長期継続的な取引関係のなかで蓄積された無形資産や関係特定的な投資が取引関係からの離脱を阻止するように作用している（丸山 1992, p.174）。とりわけ，日本的取引は，個人的な信頼関係を重視した人的な接触頻度の高いことから，取引担当者の所在地間の距離，言語の相違，文化の相違の程度によって参入障壁ないし参入費用が高くなる傾向にある（田村 1986, p.143）。したがって，外国企業が日本企業との取引に参入する場合には，これらの要因に加えて情報の不足やリスクの高さなどからいっそう厳しいものになっている。

第 2 に，垂直的な協調行動が働き，競争が制限される傾向にある。日本的取引としてメーカーと販売業者との垂直的な長期継続的な取引関係は，取引における情報・探索コストの節約，支払いの柔軟性，連携プレーによる柔軟な対応などのメリットがあり，メーカーと販売業者の双方による長期的な視点から取引の継続性を求める傾向が強い。そのために，いったん出来上がった協調的な取引関係は硬直的かつ閉鎖的な性格をもつことになり，結果として競争制限的に作用している。

第 3 に，水平的な協調行動が働き，競争が制限される傾向にある。少数の固定化された経済主体間の水平的な協調行動は，外部からの競争圧力が働きにくくなり，水平的な「なれあい」ないし「もたれあい」構造や横並び意識などによる協調行動をとる危険性がある。そこでは，競争は存在するが，それは限られた範囲で行われる「管理された競争」ないし「顔の見える競争」関係にあるために，意図的に競争を取り止めたり，結束して新規参入者の締め出しをはかったり，脱落者が出ないように助け合ったりすることもありうる。このよう

な「もちつもたれつ」の関係を温存することになれば，効率的な取引が阻害される（西島1997，pp. 59-60）。

　第4に，企業の経営姿勢が安易になり自助努力による合理化・効率化の意欲が喪失されることも考えられる。既述したように，日本的取引は，新規参入を困難にするばかりでなく水平的・垂直的な協調行動をとる危険性がありうる。つまり，特定企業グループが「共同利益の最大化」のための競争制限的な協調行動に陥りやすく，企業の自助努力による合理化・効率化が損なわれる側面もある。

　第5に，最終的には消費者の利益が侵害される。消費者利益とは消費者による選択の自由という消費者の権利が発揮されて獲得される経済的利益であり，それにより購入先が自由に選択でき良質で安価な商品やサービスを購入することができるのである（鈴木1992，p.280）。この消費者利益は，市場取引による競争メカニズムが有効に作用しているかぎり実現される。したがって、日本の企業間取引にみられる長期継続的・組織的取引による競争制限的な協調行動が消費者の利益を侵害している側面がある。

　ともあれ，日本的取引は，あくまでも企業間の取引関係にみられる特徴であり，消費者との取引関係とは範疇を異にしている。つまり，企業と消費者との取引は，あくまで市場取引が原則的である。したがって，日本的取引の長期継続的取引にもとづく協調行動は，海外企業や新規参入企業にとって競争制限的効果が働き，また「共同利益の最大化」のための高価格に設定・維持された希望小売価格ならびに特定企業グループによる限定された商品供給によって消費者の利益が侵害されているのである（岩永2001，p.197）。

第4節　日本的取引慣行

　流通システムにおける取引活動や行為がさまざまな環境条件のなかから一定の合理性をもって形成され慣行化されたものを取引慣行と規定するならば，日本においては建値制ないし希望小売価格制，リベート制，返品制，各種協賛金

制，輸入総代理店制，派遣店員制などの取引慣行がみられる。これらの**取引慣行（商慣行）**は，欧米諸国においても類似のものがみられるが，日本のそれは特殊なものとして日本的取引慣行と呼ばれている。

　流通システムの特徴のひとつは，そこで活動する経済主体間に外部効果が強く作用しているということである。たとえば，小売段階における商品価格の設定，アフターサービスの遂行，商品の品揃えや陳列などは，メーカーとの売買関係だけでなく，商品のブランドイメージ，メーカーと他の小売店との関係などにも大きな影響を及ぼすのである。このような外部効果が働く場合，メーカーは単に商品を一定価格で取引するだけでなく，小売商業の行動に誘因を与えるために，各種のリベートを供与したり，小売店に高マージンを保証するための小売価格をコントロールするような取引慣行を遂行するのである（伊藤・松島・柳川 1991, p.133）。

　このような取引慣行は，高度経済成長期に定着化したものが多く，主としてメーカーのマーケティング戦略に関連して展開されている。とりわけ，わが国特有の取引慣行の多くは，従来からメーカーが販売業者に対して供与してきた各種の**ディーラー・ヘルプス（販売店援助）**に関わるものである。それは，もともと経営基盤の弱かった販売業者を援助するものであったが，次第に販売促進の動因としてもちいられ，家庭電器・化粧品・自動車・石鹸や洗剤などをはじめ製品差別化が進んだ消費財分野においてメーカーの流通系列化の手段として利用されている（小林 1990, pp.51-52）。そこで，日本の取引慣行の典型的なものとして希望小売価格制，リベート制，返品制につい考察していこう。

1.　希望小売価格制

　日本においては，メーカーが自社の商品に卸売や小売の流通段階ごとに標準的な価格を設定し，これに準拠して実際の取引が行われる，いわゆる建値制が広く慣行化している[5]（田島 1988, p.49）。この**建値制**のうち流通末端における小売価格が**メーカー希望小売価格（標準小売価格）**である。

　希望小売価格の機能として，メーカーにとっては自社製品のもつ価値を価格

という形で消費者に直接的にアピールすることができ，商品を選択する際の目安を提供するということで販売戦略的にも重要な手段になっている。また，販売業者にとっては販売価格の設定や仕入価格の交渉を容易にするなど，取引業務を行ううえでの目安となっている。価格訴求型小売業者にとっては商品の低価格を端的に消費者に訴えるうえでの有効な手段となっている。さらに，消費者にとっては商品の価値に関する情報源として商品の選択を行う際の目安となっている（田島 1988, p.49）。

しかし，希望小売価格は再販売価格維持契約に代替しうる効果をもつものとして登場してきたものであるだけに，次のような問題があげられる。①希望小売価格が高価格に設定されている。②希望小売価格が下がることはほとんどなく，希望小売価格は硬直化する傾向にある。しかも，販売業者の依存体質が希望小売価格の硬直性を強化する傾向にある。③希望小売価格と実売価格との乖離に問題がある。その場合，消費者に的確な情報を提供するという機能が失われ，消費者の利益が侵害されるなどの問題があげられる（岩永 2001, pp.199-200）。

2. リベート制

リベートは，語源的には「割り引く（rebaten）」から派生したもので，商取引にあっては，「割戻し」の意味であって，いったん売り手が代金を徴収したあとでその一部を買い手に払い戻すことである。その意味において，リベートは，自社製品の販売に協力してくれた販売業者に対するメーカーからの後払い方式の謝礼金ないし報奨金といえよう（小林 1990, p.53）。

日本のリベート制は，さまざまな目的のために支給され，多面的な機能をはたしている。リベートは，取引量や支払条件のほか取引関係の密接度などが考慮されて個々の交渉によって，いわばその時々の状況に応じて恣意的に決められ，リベート支給の明確な基準が存在していない。その特徴は，メーカーによって支給されるリベートが単に販売促進に対する報酬の域を超えて，差別的利益誘導により販売業者を統制するための手段としてもちいられていることであ

る。つまり，メーカーが販売業者の協力度ないし忠誠度合いに応じて支給する差別的リベートこそがわが国特有のものとして特徴づけられるものである（鈴木 1992, pp.285-286）。

　リベートの企業間取引機能については，①基本的にはメーカーに対する販売業者の協力度あるいは忠誠度をはかるものとなっている。そのために，販売業者にとっては協力度や忠誠度の度合いに応じてリベートの支給が左右されるので，その意味では「アメ」と「ムチ」の役割をはたしている。メーカーにとっては協力や忠誠を取り付けるためのインセンティブの役割をはたし，それによって自社商品の販売促進や価格維持などに貢献している。②販売業者との長期的取引のなかで，信頼関係を打ち立てるための効果的なコミュニケーションの手段となっている。③小売段階での値崩れなど市場条件の変化に際して，「事後調整金」としての役割をはたすなど，メーカーの価格戦略を弾力的なものにしている（小林 1990, p.54）。

　しかし，日本のリベート制は，競争制限的に作用し，流通の合理化や新規参入を阻害することによって，次のような問題をもっている。①リベートが希望小売価格を補完する機能のために小売価格の硬直化の原因となっている。②リベートが値引き競争を引き起こし，希望小売価格と実売価格の乖離が生じ，商品価格に対する消費者の信頼が失われる。③リベートは販売促進を目的としたメーカーと販売業者の利益増進とその利益分配にもちいられ，安価な商品購入を望んでいる消費者の利益に背いている。④リベートの固定化は，販売業者にとっては既得権益化しリベートへの依存度を高め自主的な経営努力が損なわれ，メーカーにとってはリベートの固定化による固定費用の増加となり，結果的には消費者の商品価格に転嫁されることになる（小林 1990, pp.55-56）。

3.　返品制

　返品制は，卸売業者または小売業者が納入を受けた商品を再びメーカーや納入業者に返却する制度である。日本では買取仕入の場合や不良品などの正当な理由がない場合でも，売れ残り品を仕入先に戻すという返品の慣行がみられる。

なお，欧米先進諸国にも返品は認められているが，通常は消費者からの返品であり，不良品でも欠陥品でもないものを売れ残ったからといって，メーカーや納入業者に返品する制度は行われていない（矢部・山田 1996, p.46）。

このような返品制が定着した背景には，小売商業における品揃えや販売力の不十分さ，需要を超えたメーカーの過剰な売り込みなど，メーカーと小売商業の双方の複雑な事情のもとに，当初は限られた分野で例外的に行われていた。しかし，次第に日本社会に定着しその範囲を広げながら今日の企業間取引における基本的慣行として行われるようになったのである[6]（岩永 2001, p.203）。

返品制は企業的視点から次のような機能をもっている。①返品制によって小売商業の仕入リスク（売れ残りリスク）が回避ないし軽減される。②メーカーの新規参入を促進する機能をもっている。③商品の需給を調整する機能をもっている。④豊富な商品の品揃え機能を充実することができ消費者の利益にも貢献している（岩永 2001, pp.203-204）。

以上みてきたように，返品制の慣行が一種の**テスト・マーケティング**として商品の需給調整機能や新規参入促進機能などをはたしているが，他方では次のような問題があげられる。①返品制の慣行によって小売価格が割高になるように設定される傾向にある。②市場価格の硬直化をもたらす傾向にある。③返品制の慣行によって小売店の経営姿勢が安易になり，自助努力による合理化の意欲が喪失される。④返品制においては，取引当事者間で責任とリスクをどのように負担するかが不透明であるため，取引当事者間の力関係に左右されやすい（岩永 2001, pp.204-205）。

いずれにせよ，わが国の返品制は，消費者の視点からは品揃えの充実をはかる点においてメリットとなっているが，小売価格の上昇ないしその価格の硬直化といったデメリットをもたらし，国民経済的にみても大きなロスとなっている。また取引当事者間で責任のリスクをどのように負担するかが不透明であるため，取引当事者間の力関係に左右されやすい。したがって欧米先進諸国からみると，きわめて不合理な取引慣行として認識されている。

注

1）田村正紀によれば，「日本型流通システムとは，国際比較の視座からみて，特殊な流通システムとしての日本流通システムである」（田村 1986, p.10）と言及している。しかし，本章では日本型流通システムを日本的流通システムと表示・使用している。

2）中小小売店の存在の理由として，田村正紀は次の点をあげている。

　　第1に，医薬品・酒類・米穀・煙草等における免許・許可制や中小企業優遇税制のごとき，他の経済発展国にはあまりみられない制度的初期条件が存在していた。第2に，高度経済成長期において，市場スラック効果が中小小売店の広範な存在に貢献した。第3に，高度経済成長期において発展した寡占メーカーの流通系列化が，中小小売店の広範な存在を保障した。第4に，先進諸国には例をみないほどの大店法等による厳しい大型店規制が制度的措置として存在していた（田村 1986, p.380）。

3）相互依存的あるいは共同体的な社会においては，継続的な取引が維持されやすく，協調的な関係が生まれやすい。狭い閉鎖的な社会においては，同じ人々が接触する機会は多く，長期的な関係を保つことは重要なことであり，日本の企業社会ではこのようなメカニズムが働いている（伊藤・松井 1989, p.34）。

4）「顔の見える競争」は，その他に序列競争の性格を強く持つということや退出と告発の比較による競争メカニズムもあげている（伊藤・松井 1989, pp. 38-39）。

5）建値制とは，広義にいえば，売主が事前に設定して発表する商品の価格体系のことであって，現実の取引の際の標準になったり，参考になったりするものである（川越 1989, p.9）。

6）たとえば，アパレル製品・書籍・医薬品を典型として，加工食品・日用品雑貨の分野を含む広範囲な分野にわたって返品制がみられる（丸山 1990, p.64）。

（参考文献）

1）伊藤 元重・松井 彰彦（1989）「企業日本的取引形態」伊藤 元重・西村 和雄編『応用ミクロ経済学』東京大学出版会

2）伊藤 元重・松島 茂・柳川 範之（1991）「リベートと再販価格維持行為」三輪 芳朗・西村 清彦編『日本の流通』東京大学出版会

3）岩永 忠康（2001）「日本型取引と取引慣行」安部 文彦・山本 久義・岩永 忠康編『現代マーケティングと流通』多賀出版

4）川越 憲治 (1989)「日本的商慣行と独禁政策」『公正取引』No.467。

5）小林 逸太（1990）「日本的価格形成とリベート制度」『ジュリスト』950 号，有斐閣

6）鈴木 武（1992）「日本型取引慣行と消費者利益」E. バッツァー・H. ラウマー・鈴木 武編『現代流通の構造・競争・政策』東洋経済新報社

7）鈴木 武（1997）『流通政策の潮流と課題』佐野書房

8）鈴木 武（1999）「日本型流通システムの規定要因」安部 文彦・森 泰一郎・岩永 忠康編『日本の流通システム』ナカニシヤ出版

9）鈴木 武（2002）「現代流通の位置づけと特性」鈴木 武・夏 春玉編『現代流通の構造・

競争・行動』同文舘

10）田島 義博（1986）「卸売分化の伝統と危機」田島 義博・宮下 正房編『日本的卸売
経営の未来』東洋経済新報社

11）田島 義博編（1988）『メーカーの価格政策と競争―メーカーの希望小売価格の実
態と問題点−』公正取引協会

12）田村 正紀（1986）『日本型流通システム』千倉書房

13）通商産業省編（1995）『21世紀に向けた流通ビジョン−我が国流通の現状と課題−』
通商産業調査会

14）西島 博樹（1997）「日本型取引の特徴と問題点」鈴木 武・小谷 正守編『現代流通
のダイナミズム』晃洋書房

15）野田 実編（1980）『流通系列化と独占禁止法−独占禁止法研究会報告−』大蔵省印
刷局

16）丸山 雅祥（1990）「日本の商慣行と返品制度」『ジュリスト』950号，有斐閣

17）村上 恭一（2000）「日本型取引関係の構図」高嶋 克義編『日本型マーケティング』
千倉書房

18）矢部 丈太郎・山田 昭雄(1996)「マーケティングと競争政策」矢部 丈太郎・山田 昭雄・
上杉 秋則監修『流通問題と独占禁止法（1996年度版)』国際商業出版

第4章

卸売商業

本章の構成

第1節　卸売商業の概念と実態

第2節　卸売商業の存立根拠と機能

第3節　卸売商業の類型化

第4節　各種の卸売業

第5節　商社と卸売市場

本章のポイント

　本章は，卸売商業を規定したうえで，その存立根拠や機能について考察する。次に多種多様な卸売商業を一定の基準のもとに類型化したうえで，各種の卸売業について説明する。さらに商社ならびに卸売市場について考察する。

　○第1節では，卸売商業の概念と実態について学習する。

　○第2節では，卸売商業の存立根拠と機能について学習する。

　○第3節では，多種多様な卸売商業を一定の基準のもとに類型化する。

　○第4節では，卸売機能別に類型化した各種の卸売業について学習する。

　○第5節では，商社や卸売市場について学習する。

第1節　卸売商業の概念と実態

1.　卸売商業の概念

　卸売[1]は小売に対照した概念である。「小売」は最終消費者への商品販売を
意味し，その対象は個人・家族単位で利用・消費される最終消費を目的とした
消費財である。それに対して，「卸売」は最終消費者への商品販売つまり小売
を除いた商品販売のすべてに適応される概念である。すなわち，卸売の対象と
なる買い手の購買目的は，再販売・生産的消費・生産以外の業務のための消費
などさまざまである。したがって，生産者，卸売業者，小売業者，旅館・飲食
店，官公庁，病院など業務を目的としたすべての販売であり，販売される商品
は消費財・産業財の両方が含まれている（風呂 1977, p.231）。

　図4-1 にみられるように，卸売業は，商品流通の主要部分から構成され，再
販売業者または産業用・業務用ユーザーへと販売領域もきわめて広範囲であり，

図4-1　わが国の流通システム

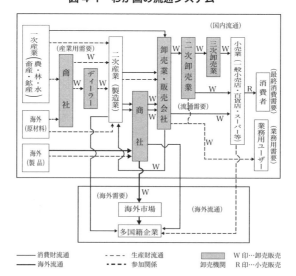

出所：三上（1988），p.75 を一部修正

商品流通で中核的な役割と地位をもっており，その形態や活動も多様である（三上 1988, p.76）。

そのうえ，卸売業は，消費者と直接に接点をほとんどもたないことから，一般の人々の実情に触れる機会は少ない。また卸売業は，生産者と小売業者との中間に挟まれた位置にあることからメーカー（生産者）のチャネル戦略や小売商業の調達戦略の動向に左右される立場にある（渡辺 2008, p.173）。

そのために卸売業は，小売業と比べ，部門別・段階別などに分化した多様で複雑な重層的構造を特徴としている。同時に，卸売業はそれを取り巻く生産者・小売業者ならびに消費者に規定され，また情報・物流技術の革新などにも大きく影響されるのである。

2.　卸売商業の実態

現実の卸売商業は，市場競争を巡って生産者・卸売業者・小売業者などの業者間の取引を通して部門別・段階別など重層的に分化しながら存在している。部門別分化は専門化と呼ばれ，商品種類別ないし商品品揃え別の専門化のほかに，場所による専門化，需要目的による専門化などが含まれる。たとえば，商品別専門化は商品種類の実質的・技術的な差異に対応する販売の技術的操作の差異による分化であり，繊維品卸売業や衣服・身の回り品卸売業などがあげられる。また商品取扱（品揃え）別専門化には総合卸売商業（または総合商社）と専門卸売商業（または専門商社）に分かれ，さらに商品種類に応じて細分化している（佐々木 2006, p.100）。

一方，段階別分化は卸売業が活動する商品流通段階に対応して分化し，収集卸売・仲継卸売・分散卸売へと細分化している。この段階別分化を流通経路の位置からみると，生産者に近い段階から一次卸売，二次卸売，三次卸売などへと分化している。この分化を立地面からみると，生産地に近い段階から産地卸売，集散地卸売，消費地卸売へと分化している（佐々木 2006, pp.100-101）。

また，卸売活動を行っているのは，卸売商業の販売活動が中心となっているが，生産者の販売活動も卸売であり，小売業者やその他の事業者による卸売活

動もみられる。日本の商業統計では，事業所の主たる業務が卸売であれば，卸売業として取り扱われる。生産者の販売会社を中心とした支店や営業所，その多くが卸売業となり，小売業者の共同仕入本部や大規模小売企業の仕入本部も卸売業として取り扱われている（定村 1986, pp.26-27）

第2節　卸売商業の存立根拠と機能

1．卸売商業の存立根拠

　卸売商業の存立根拠[2]は商業の存立根拠の延長として捉えられる。卸売商業は，生産者・卸売業者・産業用業務用ユーザー・小売業者等（以下，業者とする）との間に介入し，商品を業者から購入し業者へ販売する再販売購入活動を通して，商品流通を専門的・効率的に遂行することによって存立の根拠が与えられる。つまり、卸売商業の存立根拠は，商品流通（売買取引）に介入して**売買集中の原理**にもとづいて流通の効率化を達成する限りその基盤が与えられるのである。この売買集中の原理は，取引費用節減の効果や市場創造の効果をもたらす根拠として，**①取引総数最小化の原理**（取引数削減の原理），**②集中貯蔵の原理**（不確実性プールの原理），**③情報縮約・整理の原理**という3つ原理に分けて考えられる。

（1）取引総数最小化の原理

　取引総数最小化の原理は卸売商業の介在によって社会的に必要とされる取引数を減少する効果である。もし生産者等の業者（以下，生産者等）が小売業者等の業者（以下，小売業者等）と直接取引を行う場合には，取引の規模は少量で多数の発送業務を行わなければならない。その際には発注，選別，商品の照合，送り状の作成，荷造り，代金回収といった作業が各々の取引で必要になる。

　仮に生産者等と小売業者等との間に卸売業者を介在させるのであれば，卸売業者は取引を少数に集約させ，取引の規模も大きくなるため，作業を集約化することができる。これが取引総数最小化の原理である。このように卸売商業の介在の結果として取引総数の減少による費用の節約が大きければ，卸売商業が

流通費用の削減に寄与していると考えられる（菊池 2013，p.48）。

(2) 集中貯蔵の原理

　集中貯蔵の原理は卸売商業の介在によって社会的に必要とされる商品在庫を減少する効果である。市場経済における生産は，見込み生産である限り不確実なものであり，商品の欠品ないし過剰という商品過不足が発生する。卸売商業が存在しない場合は，それぞれの生産者等が需要変動の可能性に備えて在庫をもつ必要があることから，生産者等の業者全体ではそれらが重複してかなりの在庫規模になる。

　これに対して卸売商業が存在する場合は，卸売商業が多くの生産者等の在庫の一部を集中して保有することが可能になるため，生産者等の業者全体の在庫の重複部分が削減され，在庫コストが節約される（岩永 2014，p.36）。つまり，卸売商業が存在することで商品在庫への資金投資を社会全体として減少できるというものである。

(3) 情報縮約・整合の原理

　卸売商業介在の根拠としては，情報縮約・整理の原理があげられる。卸売商業の品揃えによって多数の生産者等の商品の情報が集中・整理され，同時にその品揃えは多数の小売業者等の需要を反映したものになり，その情報が集中・整理されることになる。つまり，卸売商業の品揃えは，多数の生産者等や多数の小売業者等の情報が収集・分析された品揃えになっており，それに関わる情報・探索コスト等が節約される（田村 2001，pp.80-86，渡辺 2008，p.12，岩永 2014，p.36）。

　しかし，これらの効果は一定の条件下で発揮されるもので，それを取り巻く生産者や小売商業の大規模化や情報・物流技術の革新，さらに消費者意識・行動の変化によって，卸売商業の存立根拠も変化してくる。

2.　卸売商業の機能

　既述したように，卸売商業は，取引総数最小化の原理，集中貯蔵の原理，情報縮約・整合の原理等の効果によってその存立・介在する根拠がある。この卸売商業の存立根拠のもとで，卸売商業の機能[3]をあげてみよう。

卸売商業は，生産者・卸売業者・産業用業務用ユーザー・小売業者の間の商品流通の中枢に位置するために，(1) 需給調整機能，(2) 生産者助成・促進機能，(3) 顧客助成・促進機能を担っている（三上 1988, pp.79-86, 三上 1995, pp.26-27）。

(1) 需給調整機能

需給調整機能とは，生産と消費の間の数量的・時間的・空間的な懸隔のギャップを埋めながら，需要と供給を調整して流通を円滑にするという機能である。この需給調整機能には，①商品の数量的調整機能，②商品の時期的調整機能，③取引単純化機能，④流通費節約機能，⑤物的流通機能，⑥危険負担機能，⑦価格形成機能などがある。

①商品の数量的調整機能—生産者等と小売業者等との間にあって取引される商品の数量的調整を行うことによって流通を円滑にする機能であり，この数量的調整には大量購入少量分散販売，収集購入分散販売，収集購入大量販売の3のパターンがある。

②商品の時期的調整機能—特定の商品において，生産は年間を通じて行われるが，消費は特定の時期に行われる場合，逆に生産は特定の時期に行われるが，消費は年間を通じて行われる場合，このような商品の需給を時期的に調整する機能である。

③取引単純化機能—生産者等と小売業者等との間の取引を単純化する機能である。

④流通費節約機能—生産者等と小売業者等との間の取引を単純化することによって取引費用が節約できる機能である。

⑤物的流通機能—商品流通に欠かせない保管・運送・荷扱いなど，いわゆる物的流通をはたす機能である。現代では，保管は倉庫会社，運送は運送会社などに専門化され，それらによって担当されている。

⑥危険負担機能—商品が生産から消費まで流通する過程において物理的・経済的危険が発生する場合，卸売商業が危険負担の機能を担当することによって商品流通や経済活動を円滑に行うことができる。現代では，危険負担は保険会社に専門化され，担当されている。

⑦価格形成機能―商品の数量的調整機能を行うことによって流通を円滑にする機能のうち，収集購入分散販売や収集購入大量販売の場合には，卸売商業が価格形成機能を行っている。たとえば，生鮮食品における中央卸売市場の卸売人・仲買人などが価格形成機能をはたしている。

(2) 生産者助成・促進機能

生産者助成・促進機能とは，卸売商業が生産者に対して各種の助成や促進を行うことによって流通を円滑にはたしている。この機能には，①生産者金融機能，②生産者情報提供機能，③生産促進機能，④生産安定化機能，⑤市場開拓機能などがある。

①生産者金融機能―卸売商業が生産者に対して金融を行うことによって生産の促進や安定化をはかる機能である。卸売商業の金融機能には，商品の現金購入による金融，手形取引による金融，商品の早期取引による金融など取引金融が中心である。

②生産者情報提供機能―卸売商業が生産者に対して提供する各種の情報である。たとえば，生産者の商品の市場評価，他社製品との比較，価格の動向，流行の変遷，商品自体の盛衰などの情報機能があげられる。

③生産促進機能―卸売商業が生産者に対して生産者の商品の需要や品質・数量を促進する機能である。

④生産安定化機能―卸売商業によるある程度の予測と計画性にもとづき，生産者に対して比較的に安定的な注文を期待させる機能である。それによって生産者も商品を安定的に生産することができる。

⑤市場開拓機能―卸売商業の広範囲な領域にわたって，時には山奥の小売店まで足を運んで生産者の商品を届けることによって，生産者のための市場開拓を行う機能である。

(3) 顧客助成・促進機能

顧客助成・促進機能とは，顧客である小売業者や産業用・業務用のユーザー（以下，顧客とする）に対して多面にわたる助成・促進援助を行う機能である。この機能には，①顧客金融機能，②顧客情報提供機能，③品質保証・標準化機能，

④適時・適量在庫機能，⑤販売指導機能などがある。

①顧客金融機能―顧客に対して掛売または延払いによる販売，手形による販売など取引金融によって，顧客に現金がなくても商品を購入できる機能である。

②顧客情報提供機能―顧客に対して絶えず有益な情報を提供して，販売促進に貢献している機能である。

③品質保証・標準化機能―中小零細生産者の商品の品質保証や標準化が劣っていた場合，卸売商業が品質保証・標準化を行うことによって，顧客に対して安心して取り扱いができるようにする機能である。

④適時・適量在庫機能―生産者や顧客に対して商品在庫（商品プール）の役割をはたしている。そのために生産者や顧客に対して大きな在庫量を抱えなくても円滑に販売活動を行うことができる機能である。

⑤販売指導機能―取引関係にある顧客に対してあらゆる指導と援助を提供している機能である（三上 1988, pp.79-86）。

　最近，顧客である小売店に対しては**リテール・サポート・システム**（RSS）が重要視されている。顧客である小売店の繁栄があってこそ卸売商業も繁栄するという基本理念から，小売店の支援システムの一環としてコンピュータと通信ネットワークによる情報システムや物流システムを強化することによって支援の強化・効率化をはかっていこうとしている（三上 1995, pp.26-27）。

第3節　卸売商業の類型化

　日本の流通システムは，歴史的に卸売部門を中心に形成され，今日に至るまで，垂直的分業である多段階構造を基盤として商品別・地域別・機能別等に分化した構造的特性を有している（田島 1986, p.10）。

　そこで，関根孝の分類にもとづいて卸売商業を類型化してみよう（関根 2001, p.141 参照）。

1）取扱商品の種類による分類

①各種商品卸売業，②繊維品卸売業，③化学製品卸売業，④鉱物・金属材料卸売業，⑤機械器具卸売業，⑥建築材料卸売業，⑦再生資源卸売業，⑧衣服・身の回り卸売業，⑨農畜産物・水産物卸売業，⑩食料・飲料卸売業，⑪医薬品・化粧品卸売業，⑫家具・建具・什器卸売業，⑬その他の卸売業，⑭代理商・仲立業

なお，この分類は日本標準産業分類に基づくものであり，『商業統計表』ではさらに業種別に細分類されている。

2）品揃えの範囲を基準にした分類

①総合（商品取扱）卸売商業―多種目の商品を取り扱い，部門化された各部門は専門卸売商業のように機能する卸売商業である。

②業種別総合（商品取扱）卸売商業―繊維や鉄鋼など特定の業種に属するすべての品目を総合的に取り扱う卸売商業である。

③業種別限定（商品取扱）卸売商業―メリヤス問屋，ネクタイ問屋，日本酒問屋など特定品目を取り扱う卸売商業である。

3）取引先の違いを基準にした分類

①直取引卸売商業―「生産者」・「国外」から仕入れ「産業用使用者」・「国外」・「小売商業」に販売する卸売商業である。

②元卸売商業―「生産者」・「国外」から仕入れ「卸売商業」に販売する卸売商業である。

③中間卸売商業―「卸売商業」から仕入れ「卸売商業」に販売する卸売商業である。

④最終卸売商業―「卸売商業」から仕入れ「産業用使用者」・「国外」・「小売商業」に販売する卸売商業である。

⑤その他の卸売商業―販売先や仕入先が同一企業内である卸売商業である。

4）商圏の広さを基準にした分類

①全国卸売商業―東京・大阪・名古屋などに本拠を構え，全国的に多店舗展開を行って，広範な地域を商圏とする卸売商業である。

②地域卸売商業―拠点都市に立地し，東北・中国・九州などの地域を商圏と

する卸売商業である。

③地方卸売商業―都道府県内に限られた地域を商圏とする卸売商業である。

5）遂行する機能による分類

①収集卸売商業―農水産物や中小メーカーの工業製品を産地で収集し，仲継機関や分散機関に出荷する卸売商業である。たとえば，生産地問屋や産地問屋があげられる。

②仲継卸売商業―市場が大きく，収集卸売商業と分散卸売商業との直接取引が行われにくい場合，その仲継ぎをする卸売商業である。たとえば，集散地問屋，消費地問屋，生鮮卸売市場における卸売商業や貿易商社があげられる。

③分散卸売商業―産地問屋や集散地問屋などから出荷される商品や大規模メーカーの製品を小売商業や産業用ユーザーに販売する卸売商業である。

なお，仲継卸売商業を制度化したものとして中央卸売市場と商品取引所がある。中央卸売市場は，標準化されていない生鮮食品の格付け機能によって，商品の取引適合性を増やしながら公正な価格形成を目指している。また商品取引所は，天然品や低加工の産業素材を扱い，価格形成だけでなく，主要な1次産品標準品の先物取引による危険吸収を目指している（田村 2001, p.130）

6）買い手に対する機能の担当範囲を基準にした分類

①完全機能卸売商業―買い手に対して幅広い機能を担当する卸売商業である。

②不完全機能（限定機能）卸売商業―買い手に対して一部の限定した機能を担当する卸売商業である。たとえば，現金持帰り卸売商業，注文取次卸売商業，車積販売卸売商業，代理商，仲立業などがあげられる。

以上のように，卸売商業は，商品流通の主要部分を占めながら多種多様な活動や機能を担っているために，多種多様な視点から分類されている。

第4節　各種の卸売業

1．卸売業の分類

卸売業は，売買取引を行ううえで所有権をもつか否かで分類すると，(1)

所有権をもつ場合には卸売商業と呼ばれ，さらに卸売業は売買取引を流通機能の程度によって，1）完全機能卸売商業，2）限定機能卸売業に分類できる。(2)所有権をもたない場合には，取引先の依頼にもとづいて活動し，手数料を獲得する業者は中間代理商と呼ばれる。ここでの卸売業は，菊池一夫の分類をベースに説明していこう（菊池 2013, pp.50-53）。

(1) 所有権をもつ卸売業

1）完全機能卸売商業

完全機能卸売商業とは販売・仕入れ・配送・危険負担・金融・情報伝達等といった流通機能のほとんどすべてを遂行する卸売商業である。さらに完全機能卸売商業は，取り扱う商品の範囲からみると，各種商品取扱卸売商業（総合商社），業種別総品目取扱卸売商業および業種別限定品目取扱卸売商業（専門商社）に分けられる（第3節，参照）。

2）限定機能卸売業

限定機能卸売業は，完全機能卸売商業に対比して，流通機能の一部のみを遂行する業者のことである。限定機能卸売業には，①現金持ち帰り業者，②直送卸売業者，③通信販売卸売業者などがあげられる。

①現金持ち帰り業者

現金持ち帰り業者は，商品回転率の高い特定の品目を取り扱い，小規模な小売商業を標的顧客にして現金販売を行う。また掛売りを行わないで，配送もしないのが一般的である。コストコなどが現金持ち帰り業者の例である。

②直送卸売業者

直送卸売業者は，小売商業や産業用ユーザーからの注文を受けると，生産者を探索し決められた納期に決められた取引条件で納入する業者である。たとえば，木材や建築資材のような嵩張る商品を販売している。直送卸売業者は，在庫をもたず配送もしない。商品は生産者から直接顧客へと配送される。ただし，顧客から注文を受けてから納入までのプロセスで所有権と危険負担はすべて引き受けるという特徴をもっている。

③通信販売卸売業者

通信販売卸売業者は，人的販売を活用しないが，広い範囲の卸売業の機能を遂行する。通信販売卸売業者は通信販売によって商品を販売していくものであり，小売商業や業務用需要者に対してカタログを提供し，郵送やファックス，Eメール，電話等から注文を受けて，商品を配送していく。

(2) 所有権をもたない卸売機関

売り手と買い手の取引を仲介するが，所有権をもたない限定的卸売機能を遂行する中間業者の総称が代理商である。一般の卸売商業と比べて，代理商は商品の所有権が移転されないために，取引に伴うリスクを一切負わない。代理商の基本的な役割は，依頼主の委託に沿って取引相手の探索，情報伝達，交渉，成約の促進を行うことによって契約締結に導くよう取引を媒介または代行することにある。また中間業者の中には，売り手と買い手のいずれか，または双方の代理になって取引を成立させるために交渉とプロモーションを行い手数料を得るブローカーも存在している。一般に，代理商は特定の製造業者や販売業者の専属代理人という形で一定期間，依頼主と継続的な関係を維持するのに対し，ブローカーは依頼主と単発の契約を結ぶ場合が多い（崔 2006, pp.118-119）。

したがって，この代理商は依頼主の代理人として取引の交渉を行うが，商品に対する所有権はもたない。代理商は国際貿易では一般的に見受けられる。それは，中間代理商が各地域の商慣習や自国の規制に関して精通しているからである。この代理商には，①生産者の代理商，②輸出入代理商，③ブローカー，④販売代理商，⑤オークション会社，⑥購買代理商，⑦手数料商人などが含まれる。

①生産者の代理商

生産者の代理商は，補完的ではあるが，競合していない複数の生産者の製品を販売し，実際に販売したものに関して手数料を獲得する。そして限定された商圏を範囲に活動する。生産者の代理商は実際には独立した中間業者であるが，ほとんど各企業の販売員として活動する。生産者の代理商は，顧客の注文を取るという業者であり，受注処理や配送は生産者が担当することになる。

②輸出入代理商

輸出入代理商は，顧客のために商品を購入するか，販売するかによって国際貿易を促進するものであり，発送・関税・通関手続き・金融等について顧客に助言を行う。輸出入代理商は基本的には生産者の代理商であることが多く，国際貿易に専門化したものである。この形態の代理商はさまざまな国で営業活動を行い，外国市場に不慣れな企業の市場展開を支援する。

③ブローカー

ブローカーは売り手と買い手の間での接触の機会を確立する機能をもっている。ブローカーは特定の取引が交渉される間，売り手と買い手との一時的な関係を有しているのが普通である。ブローカーは売り手と買い手を一緒にさせて，交渉の援助を行い，自分に依頼した当事者から報酬を得る。ブローカーは在庫をもたず，金融を行わず，危険も引き受けない。

④販売代理商

販売代理商は，生産者の販売活動だけではなく，それ以上の機能を遂行するという意味では，生産者の代理商よりも幅広い責任を有している。販売代理商は1つないしそれ以上の生産者の全体にわたる製品を取り扱う。そして価格設定・広告・販売活動などを管理している。

⑤オークション会社

オークション会社は，売り手と買い手が一緒にオークションに参加できる場所と，1つの取引を完了させるための入札を提供している。伝統的に，需要と供給が迅速に変化するような家畜・中古車などの特定の製品ラインを対象として，顧客の入札によって価格を決定している。インターネットの発展は，オークション会社を刺激し，多様な種類の製品までその取り扱い範囲を拡張している。それによってオークション会社は取引を促進するものである。

⑥購買代理商

購買代理商は，買い手を代理することを専門にしており，一般的に限定された数の顧客および製品を取り扱っている。購買代理商は典型的に高度な専門知識を顧客に提供できるような特定の業界の専門家である。

⑦手数料商人

　手数料商人は，自己の名のもとに商品の委託を受け販売の交渉といった営業活動を自律的に行う。また信用を供与したり，専門的な包装のように付加価値のあるサービスを提供したりすることがある。手数料商人は農産物・木材・織物といった流通で活用されることが多い（菊池 2013, pp.50-53）。

2. 卸売商業以外の卸売機関

（1）生産者の販売組織

　生産者の販売組織は，**販売会社**と生産者の支店・営業所とに分けられる。前者の販売会社は，生産者が自社製品の販売・保管・配送のために設立した会社であり，生産者とは別法人の形で設立された会社である。後者の生産者の支店・営業所は，生産者が自社組織（販売部）で自社製品の販売・保管・配送などの営業活動を行っている。生産者の支店は生産者によって所有されているが，製品を販売したり，市場導入するために工場からは離れている。生産者の支店には在庫をもつ倉庫があるが，営業所には倉庫はない。

（2）系統販売卸売機関

　農業協同組合，漁業協同組合，生活協同組合のような協同組合で商品を系統（組織）にしたがって流通させる場合，その系統の中での卸売の業務に従事している機関をいう。農業協同組合や漁業協同組合は，農業や漁業などの小規模生産者が，自己の生産したものを出荷する際に，協同組合で商品を系統にしたがって流通させる場合に，その推進主体としての協同組合を卸売機関として位置づけることができる。

（3）統合・協業的卸売機関

　これは主に卸売商業と小売商業とが協業した形で設立された卸売機関を意味し，ボランタリー・チェーンの本部が該当する。またフランチャイズ・システムの本部であるフランチャイザーなども該当する（菊池 2013, pp.53-54, 三上 1988, pp.88-90）。

第 5 節　商社と卸売市場

1．商　社

　卸売商業の部門別分化として取り扱う品揃えの広さの視点から総合化ない
し専門化している。つまり，卸売商業は多くの関連しない商品群にわたって
混合的・全般的に品揃え取り扱う総合商社などの総合卸売商業，ある産業の
特定の商品群のみを専門的に品揃え取り扱う専門卸売商業に分類される（田村
1980,pp.201-202）。

　商社は，主に国際取引に専従するか，外国との取引率が高い卸売商業，すな
わち貿易取引に従事する貿易商社を商社と呼んでいる。商社は所有権を有して
危険負担機能を遂行する輸出入卸売商業，輸出・輸入業務の手数料を目的とす
る輸出入代理商に分類できる。実際には輸出と輸入を事業として併せもつもの
や，所有権を有して輸出・輸入を行ったり，手数料を目的に取引を行うことを
兼ねる場合もある。また特定の商品群に特化する専門商社やわが国特有の事業
形態としての総合商社に分類される。

　総合商社は，①企業規模が巨大で，②多様で相互関連性の強い商品を取り扱
い，③通常の商業活動の域を越えた広範で多面的な活動を展開していることに
特徴がみられる。活動領域は，国内取引，輸出入取引，三国間貿易取引にまで
及び，資源開発，海外事業への投資，他産業との複合プロジェクトでの関連企
業の組織化などにも活躍している。その力の源泉は，卓越した情報収集・取引・
金融の能力にあり，これらの力を総合して事業を開発し，関連企業を 1 つの
産業システムにまとめあげるオルガナイザー機能は抜群である（高井 1995,
pp.146-147）。

2．卸売市場

　生鮮食料品など多数の売買当事者の間に卸売流通が行われる制度として卸売

市場がある。**卸売市場**は**中央卸売市場法**（1927 年）に代わって 1971 年に制定された卸売市場法のもとに，一定の規則のもとに取引が行われるように整備された組織的市場[4]である。卸売市場には中央卸売市場，地方卸売市場およびその他の卸売市場に分けられ，そこにおける取引主体は卸売業者（卸売会社）・仲卸業者（仲卸人）・売買参加者から構成されている（高橋 1995, pp.28-29）。

　卸売市場の設立経緯としては，歴史的には 1918 年の米騒動による公正取引の確保と価格の安定，また都市化による人口集中から生鮮食料品の供給の安定確保の必要性等によって，農水産物の流通の円滑化，価格の安定化，農水産物の衛生化および生産者の生産活動の推進・維持が求められた（細川 2006, pp.120-121）。

　その背景には，青果物・果物・水産物・食肉といった生鮮食料品や花卉などの農水産物は，腐敗しやすく，規格化が困難である。また気候条件によって生産量が大きく変動し，生産者や小売商業はともに小規模であり，生産地は全国各地に分散している。そこで，卸売市場が地理的に 1 カ所に卸売業を集積させ，標準化されていない商品の格付けを行い，公正な価格の形成，需給の調整，取引の迅速化および衛生的な取引を遂行することを目的として設立されたのである。

　卸売市場では取引への参加を許可された卸売会社が，主に生産者や出荷者団体の出荷者からの委託を受けて，市場でセリまたは入札を通じて販売し，手数料を獲得し，集荷販売を代行する機関である。個別の相手との相対取引も行っている。また仲卸人は，卸売会社から商品を仕入れて危険を負担する。そして市場内の店舗で小売業者等に販売する。さらに売買参加者は，市場開設者の許可を受け，商品を卸売業者から購買できる大口需要者としての大規模小売商業や加工業者から構成されている。

　現在，卸売市場は中央卸売市場・地方卸売市場においても衰退傾向を示しており，その背景として大規模小売商業の台頭による生産者との直接取引による市場外流通[5]の増加，小規模小売商業の減少等によって大きな影響を受けている（菊池 2013, p.55）。

注

1 ）本章では，原則として，「卸売」は卸売活動を示す用語，「卸売業」は卸売活動を行っているすべての業務，「卸売商業」は卸売活動を専門的に行っている商業，「卸売業者」は卸売業を行っている業者して使用している。また「小売」も同様に使用している。

2 ）卸売商業の存立根拠としてマーガレット・ホール（M.Hall）は，取引総数最小化の原理，不確実性プールの原理を提唱している（Hall 1949, p.80）。

3 ）秦 小紅によると，卸売業は商的流通機能（商品の質的調整・量的調整，価格形成），流通補助機能（信用供与，危険負担），物的流通機能（運送と保管，流通加工），情報流通機能をあげている（秦 2019，pp.138-140）

4 ）卸売市場とともに，一定の規則のもとに取引が行われるように整備された組織的市場として商品取引所がある。商品取引所は，農産物・畜産物・鉱物などの特定商品の先物取引を行うために開設された具体的市場である。この主たる経済的機能は公正な価格形成，保険つなぎ（リスクヘッジ），価格の標準化作用，受渡し機能等で大量取引によって実現される（羽路 1995, p.161）。

5 ）市場外流通は，本来，国内産農産物や輸入農産物が商的流通・物的流通の両面で卸売市場を経由しない流通方式であり，産地・消費地直結取引形態がある（白武 2006，p.210）。

(参考文献)

1 ）岩永 忠康（2014）『現代の商業論―日本小売商業の理論・問題・国際化―』五絃舎

2 ）菊池 一夫(2013)「卸売商業」岩永 忠康監修 / 西島 博樹・片山 富弘・岩永 忠康編『現代流通の基礎理論』五絃舎

3 ）崔 容薫(2006)「代理商 / ブローカー」加藤 義忠監修・日本流通学会編『現代流通事典』白桃書房

4 ）佐々木 保幸（2006）「部門・階層・段階の分化」加藤 義忠監修・日本流通学会編『現代流通事典』白桃書房

5 ）定村 礼二（1986）「卸売業の位置とその構造」田島 義博・宮下 正房編『日本的卸売経営の未来』東洋経済新報社

6 ）白武 義治（2006）「農産物の市場外流通・産直」加藤 義忠監修・日本流通学会編『現代流通事典』白桃書房

7 ）関根 孝（2001）「卸売業の分類」鈴木 安昭・関根 孝・矢作 敏行編『マテリアル流通と商業（第 2 版）』有斐閣

8 ）高井 眞（1995）「商社」久保村 隆祐・荒川 祐吉監修『最新商業辞典』同文舘

9 ）高橋 伊一郎（1995）「卸売市場」久保村隆祐・荒川 祐吉監修『最新商業辞典』同文舘

10）田島 義博（1986）「卸売文化の伝統と危機」田島 義博・宮下 正房編『日本的卸売経営の未来』東洋経済新報社

12）田村 正紀（1980）「卸売業」鈴木 安昭・田村 正紀『商業論』有斐閣

13）田村 正紀（2001）『流通原理』千倉書房

14）秦 小紅（2019）「卸売業の機能と諸形態」成田 景尭・秦 小紅編『流通論入門』五絃舎

15）風呂 勉（1977）「現代卸売流通」久保村 隆祐・荒川 祐吉編『商業論』有斐閣

16）細川 充史（2006）「中央卸売市場と地方卸売市場」加藤 義忠監修・日本流通学会編『現代流通事典』白桃書房

17）三上 富三郎（1988）「卸売業の機能と形態」久保村 隆祐・原田 俊夫編『商業学を学ぶ』有斐閣

18）三上 富三郎（1995）久保村 隆祐・荒川 祐吉監修『最新商業辞典』同文舘

19）羽路 駒次（1995）久保村 隆祐・荒川 祐吉監修『最新商業辞典』同文舘

20）渡辺 達朗（2008）「卸売業界の再編成と"機能強化"競争」渡辺 達朗・原 頼利・遠藤 明子・田村 晃二『流通論をつかむ』有斐閣

21）Margaret Hall, (1949) *Distributive Trading : An Economic Analysis,* Hutchison's University Library.

第5章

小売商業

本章の構成

第1節　小売商業の概念と役割

第2節　小売構造の概念と特質

第3節　小売商業の類型化

第4節　日本の小売業態

| 本章のポイント |

　本章は，小売商業の概念と特徴を述べたうえでその役割と戦略について説明する。次に小売商業を全体的に捉えた小売構造の概念ならびにその構成セクターとその特徴について考察する。さらに小売商業を類型化しそれぞれについて説明する。最後に日本における小売業態の展開と各種の小売業態について説明する。

　○第1節では，小売商業の概念と役割について学習する。

　○第2節では，小売構造を規定したうえで，その構成セクターとその特徴について学習する。

　○第3節では，小売商業を小売業種・小売業態・小売集積に類型化して説明する。

　○第4節では，日本における小売業態の展開と各種の小売業態について学習する。

第1節　小売商業の概念と役割

1.　小売商業の概念

　小売商業は，商品流通の末端部分に位置し，消費者を対象として商品を販売している。一般に，消費者の単位は世帯であり，しかもその購買は必要に応じて少量ずつを頻繁に買う，いわゆる当用買いが常態である。このような世帯は全国に散在し，かつ商品に対する嗜好は個人によって千差万別である。そのために，小売商業は個人的消費に固有の小規模性・分散性・個別性によって規定され，しかも消費者の個別性を反映して商品の使用価値からの制約を受けざるをえないという特質を有している（森下1966, p.145）。

　したがって，小売商業は，消費者固有の特質に規定され，空間的・地域的範囲がきわめて狭い領域に制約されている。その意味で，小売商業は地域に密着した地域産業ないし立地産業，また消費者の日常の生活や文化的な生活を支援する役割を担っていることから生活文化産業としても特徴づけられている（岩永2014, p.52）。

　なお，「小売」とは小口の取り扱いを指し，少量ずつ販売することを意味している。したがって，大量の商品を広範に分散している消費者に適応するように少量単位に分割し，消費者のニーズや欲求を充足させるために文化生活に必要な多種多様な少量の商品を販売することを意味している（鳥羽2013, p.62）。

　なお，小売は消費者に対して商品・サービスを販売することであり，この小売活動を専門的に担当するものが小売商業である。その他に小売活動をするものとしては，生産者・卸売業者等による消費者への販売ないし生活協同組合等による消費者への販売も含まれている。本章では，小売活動を専門的に担当している小売商業を対象としている。

2.　小売商業の特徴

　小売商業は，消費者を対象として商品を販売するために，消費者への対応が

最も重要な課題と役割を担っている。一般に，小売商業は，消費者固有の特質に規定され，かつ日常の生活に必要な商品を購入する消費者行動に制約されているために，空間的に狭い範囲を対象としている。

　小売商業が消費者への販売活動を繰り広げる空間は，一般に**小売市場**として認識されている。この空間的に限定された小売商業と消費者の出会いの場としての小売市場の広がりは，消費者の日常的な行動範囲にほぼ一致すると考えられ，消費者からみた空間的行動範囲が**小売商圏**として把握されている（岩永2014, p.52）。

　この小売市場は，その空間的範囲が極めて狭い地理的領域に制約されているために，小売商圏の範囲も，取扱商品の特性[1]とそれを購買する労力や費用に規定されている。つまり，消費者の日常の購買には，商品の価格に加えて労力・購買費用を支払っている。具体的には，①小売店舗までの交通費（電車賃・バス代・ガソリン代・駐車料金等），②時間（時間の機会費用），③肉体的疲労（移動・探索等），④心理的疲労（混雑・交渉等）などが含まれる（鈴木1993, p.124, 鳥羽2013, p.63）。

　また，小売商業は，一定の地域において日常の社会生活をしている消費者を対象としている限り，消費者に関わる経済的要因ばかりでなく政治・法律・文化などの社会的要因や自然・気候などの自然的要因などの多様な環境条件に影響を受けながら存在している（鳥羽2013, p.64）。そのために各国・地域の小売商業は，それぞれ国・地域の固有の社会経済的・自然環境条件のもとに，それぞれ固有の小売構造を形成しているのである。

3.　小売商業の役割

　現代の経済は，市場経済にもとづく商品の生産・流通・消費が行われている。そのために，生産者は自ら生産した商品を販売するためには多くの消費者を探しださなければならないし，消費者もまた自らの生活を維持すべき商品を購入するためには多くの生産者・卸売業者（以下，生産者等とする）を探しださなければならなく，必然的に探索時間と探索費用はきわめて大きくなる。そこで，小売商業は，生産者等の販売と消費者の購買に代わって，商品売買による販売

時間・費用を節約しながら商品流通を効果的・効率的に遂行するものとして介在し存立しているのである。

　小売商業には，生産者が生産した多種多様な商品ないし生産者から集められた卸売業者の商品が社会的商品として品揃えされている。小売商業による社会的品揃え物は，多くの消費者を引き寄せることになるが，そのことがまた多くの生産者等を引き寄せるように作用している。その結果，小売商業の社会的品揃え物は，商品の生産者の販売と消費者の購買を介した売買集中の原理にもとづいて，生産者等および消費者の双方にとって，商品の探索時間と探索費用を大きく軽減させるのである。

　このように小売商業の役割は，生産者と消費者の間に介在し流通経路の末端段階を受け持つことによって，生産者等に対する「販売代理機能」，消費者に対する「購買代理機能」，両者に対する「情報提供機能」を担っているのである（鳥羽2013, p.64）。

　小売商業の「販売代理機能」とは，生産者が生産に専念することで商品の生産効率を高めるように生産者に代わって販売活動を代理する機能である。この生産者に対する販売代理機能は2つのタイプがみられる。ひとつには，多数の生産者が生産する多種多様な商品を生産者の共同代理人としての販売代理機能があげられる。もうひとつには，寡占的・大規模生産者（メーカー）が生産した大量商品の販売代理機能として，換言すればマーケティングのチャネル戦略として系列化された小売商業がメーカー専属の私的販売代理人としての販売代理機能があげられる。

　小売商業の「購買代理機能」とは，消費者が必要な商品を品揃えすることによって消費者の購買を支援する機能である。つまり，小売商業は，消費者ニーズを把握し，購買代理者として消費者に適正な商品の品揃え（マーチャンダイジング）をすることによって，消費者へのコンサルティングやサービスを提供する機能である。

　小売商業の「情報提供機能」とは，生産者等と消費者との情報を調整して生産者の販売活動と消費者の購買が順調に行われるように調整する機能である。

したがって，川上に向けての情報提供機能は，小売商業が生産者等に代わって消費者に商品や企業についての情報を伝達することで購買に導く役割を担っている。そのために，販売員の接客，店舗における商品陳列，**POP**（Point of Purchase）広告，包装紙などを介して消費者に情報提供を行っている。他方，川下に向けての情報提供機能は，消費者に生産者が生産した多種多様な商品についての情報を提供することによって，消費者が購買に際して適切な意思決定ができるように支援している役割を担っている（鳥羽 2013,pp.65-66）。

4.　小売商業の戦略

　小売商業は，消費者ニーズに対応して販売の促進・増加のための経営戦略を行っている。その戦略としては，**小売マーケティング**，**小売ブランド**，小売の情報・物流革新などがあげられる。

（1）小売マーケティング

　近代的小売商業としての各種の小売業態は，小売市場を巡る競争下において**差別的優位性**（競争優位性）を通して広範な消費者を支持・獲得すべき戦略的な小売活動を行っている。そのために各種の小売業態は，消費者ニーズに対応して計画的・組織的な小売マーケティング戦略を実践している。

　たとえば，最初の近代的小売商業としての百貨店は，人口の集中・集積と道路・交通システムの発達にもとづき都心部に立地し，買回品をメインとした多種多様な商品品揃えによる**ワン・ストップ・ショッピング**の便宜性を通して消費者のニーズに対応している。また従来の交渉価格から固定価格（定価）を設定し，部門別管理にもとづく経営によって消費者を取り込む近代的な小売業態である（岩永 2017, pp.7-8）。

（2）小売ブランド

　近代的な小売業態の多くは，広範な消費者の愛顧を獲得するために小売マーケティング戦略の一環としての**小売ブランド**（PB）を設定し展開している。小売ブランドは，小売商業のイニシアチブのもとに付与されたブランドであり，生産者を支配ないし協力しながら商品販売や商品生産に強く関与し，顧客の愛

顧を獲得しながら販売促進に貢献している。そのために小売ブランド（PBブランド）の商品全体に占める割合も高くなり，小売ブランド戦略が販売にとって大きな役割を担っている（岩永 2017, p.8）。

（3）小売の情報・物流革新

小売商業における情報技術の革新は，市場の不確実な取引のもとに情報技術を駆使して，顧客管理にもとづく実需把握によって安定的な企業経営や店舗経営を遂行することができるのである。それと同時に情報技術の革新に基づいた物流技術の革新が顧客ニーズに対応した商品の在庫・配送を効率的かつ安定的に遂行することを可能にしたのである。

特に **POS**（Point of Sale：**販売時点情報管理**）システムの導入・普及は，小売業務である仕入・販売・在庫・会計等の業務を一元化のもとに節約し，それとともに消費者ないし顧客の管理においても重要な役割をはたしている。たとえば，コンビニエンスストアは，POSシステムによる商品管理やそれを支える多頻度小口配送などの物流管理による効率的な商品売買を可能にしているのである（岩永 2014, pp.46-47）。

第2節　小売構造の概念と特質

1．小売構造の概念

小売構造[2]は，種々の属性を備えた多様な小売企業ないし小売店舗（事業所）を構成単位として構成され，それらの相互関連の一定のパターンである（白石 1986, p.66）。つまり，それは，多種多様な小売商業の構成要素の集合から成り立ち，かつその集合の態様といえる（鈴木 1980, pp.140-141）。したがって，小売商業を個々の小売企業ないし小売店舗自体としてミクロ視点から捉えるのに対し，小売構造は個々の小売商業（小売店舗）を総体・全体的としてマクロ視点から捉えるものである。

（1）小売構造の構成セクター

個々の小売商業ないし小売店舗を全体的に捉えた小売構造ないしそれを階層

的に捉えた**小売ピラミッド**（図5-1）にみられるように，小売構造は，フォーマル・セクターとしての近代的小売セクター（百貨店，スーパーマーケット，コンビニエンスストア，ショッピングセンター「SC」等）と伝統的小売セクター（伝統的市場，中小零細小売店等）から構成されている。さらにインフォーマル小売セクターとして非公式の簡易店舗，露天商，行商，屋台等も存在している。そこで，小売構造を構成する3つの小売セクターの特徴をあげておこう。

図5-1　小売構造（小売ピラミッド）

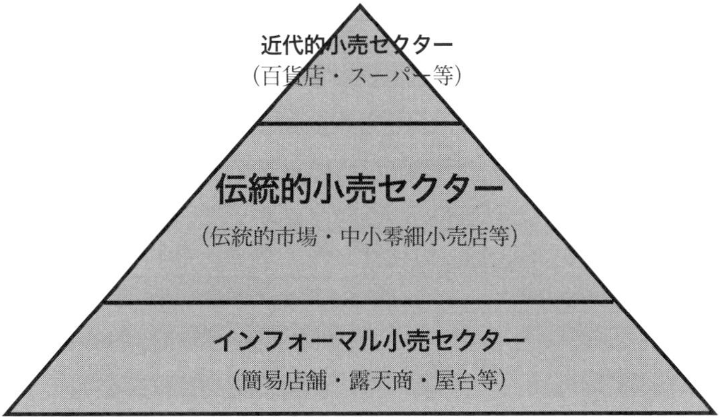

近代的小売セクター
（百貨店・スーパー等）

伝統的小売セクター
（伝統的市場・中小零細小売店等）

インフォーマル小売セクター
（簡易店舗・露天商・屋台等）

出所：岩永作成

1 ）近代的小売セクター

　近代的小売セクターは，資本主義的な事業体として企業化した小売商業で構成され，小売管理ないし小売マーケティング戦略のもとに計画的・組織的に運営されている小売商業の領域として把握されている（齋藤2006, pp.66-67）。その具体的なものとして百貨店，スーパーマーケット，総合スーパーないしハイパーマーケット，コンビニエンスストア，さらに小売集積としてのショッピングセンターなどから構成されている。近代的小売セクターの特徴としては，①対象市場は広範な小売市場を対象としている。②小売市場における広域的な競争が展開されている。③品揃えは広範な幅広い品揃えないし専門化・深化した品揃えが行われている。④価格は交渉による価格決定に代わって，一律的な

固定価格が基本になっている。⑤与信としては割賦販売やクレジットカードなどの制度的なものになっている（岩永 2017, p.108）。

２）伝統的小売セクター

伝統的小売セクターは，小規模で独立した中小零細小売店ないしその集積した伝統的市場や近隣型商店街で構成され，ほとんどが家族経営の小規模な小売店舗で生業として営まれ，その意思決定の単位は個々の商店によって行われている。そこでは，日常の買い物という経済的活動ばかりでなく，社会的かつ文化的な情報交換や人的交流も行われている（岩永 2017, p.10）。

伝統的小売セクターの特徴としては，①分断された市場—消費者が徒歩等で日常の買い物する狭い範囲の市場（**小売商圏**）となっている。②長いチャネル—小規模零細小売店は一度に仕入れる量が少なく，そのために卸売商業（生鮮食料品などは数段階の卸売商業）が存在した長いチャネルになっている。③局所的な競争—分断された市場（狭い小売商圏）あるいは**ニッチ市場**として地理的に狭い範囲において競争が行われている。④交渉次第で変わる価格—小さな小売店では値札を付けていないし，たとえ値札があったとしても交渉次第で決まる。つまり商品の販売価格は店主の考え次第で決まるのである。⑤個人的な与信—しばしば自ら顧客に与信を提供する。この個人的な与信（たとえば，掛け売りや置き薬制度—岩永）は，販売を刺激し，顧客との長期的なパートナーシップを形成するために利用されている。顧客は与信を受けることができるという理由で小売業者や小売店舗を選択することもある（若林・崔他訳他 2009, pp.105-114）（Brenda Sternquist2008, pp.117-123）。

３）インフォーマル小売セクター

インフォーマル・セクターの定義は，一般には，課税が難しく経済統計上把握することができない雑業層などによって成り立つ経済部門を総称するものと考えられる（内藤 2013, p.20）。したがって，インフォーマル小売セクターは，不定期的な市ならびに商店街の店舗の前や路上で営業されている非公式の露天商，簡易店舗，行商，屋台等などから構成されている。なお，インフォーマル小売セクターは，経済発展に伴って減少し消滅していくものと考えられる。

2.　小売構造の特質

（1）小売構造の発展度

　小売構造（小売ピラミッド）は，国・地域の経済発展段階によって 3 層の小売セクターの割合・ウエイトに差異がみられる。一般に，経済が発展するに伴って近代的小売セクターの割合が高くなっていき，逆に伝統的小売セクターの割合が低くなり，さらにインフォーマル小売セクターが減少し消滅していくと考えられる。

　この小売構造（小売ピラミッド）を店舗数（事業所）レベルと売上高レベルでみると，経済発展の初期段階には店舗数レベルと売上高レベルとも典型的な小売ピラミッドが形成される。その後，経済発展が進展するに伴って，依然として店舗数レベルでは小売ピラミッドが形成されるが，売上高レベルでは逆小売ピラミッド（あるいは逆台形）が形成されるという傾向にある（岩永 2017, p.11）。

（2）小売構造の規定要因

　小売構造を規定する要因としては，産業構造ならびにそれにもとづく企業・生業の割合があげられる。経済発展の初期段階においては，農業・漁業・手工業・商業・サービス業などに代表されるように，個人・家族が生活するため生業としての個人・家族経営（自営業）が経済活動の主要部分となっている。そのために，小売構造においても個人・家族経営の生業としての中小零細小売店や伝統的市場で形成されている伝統的小売セクターが主要部分を構成している。その後，経済発展・工業化の進展に伴って，個人・家族経営の生業から組織的・戦略的経営の企業（会社）へとその割合が増加していく。それに伴って，小売構造も個人・家族経営の生業で形成される伝統的小売セクターとともに，組織的・戦略的な事業運営の企業で構成される近代的小売セクターが増加していくのである。

　次に，所得水準があげられる。所得水準は購買力を示す指標であり，経済発展の進展に伴って所得水準が上昇し，それに伴って購買力も増加していく。一般に，所得水準の上昇に伴って，商品の購買は生活必需品とともに選択的・嗜好品へシフトした幅広い商品購入が増加していく。そのために幅広い商品品揃

えの百貨店・総合スーパー・ショッピングセンターないし専門的な商品品揃え
の専門品的・食品スーパーなどの近代的小売セクターの割合が増加し発展して
いくのである（岩永 2017, pp.11-12）。

第3節　小売商業の類型化

1．小売業種

　業種とは，営業種目が省略された用語である。**小売業種**（Kind of Business）
は，小売商業を「なにを売るのか（What to Sell）」という視点から分類する基
準である。この分類は，取扱商品の類似性，用途の類似性，生産過程の類似性
などにもとづいている。つまり，商品の取り扱いに必要な知識や技術は専門性
が高く，かつ品揃え活動に制約を有することを基準として分類されている（鳥
羽 2013，p.66）。

　したがって，この分類は，「生産者が自らその生産物を販売していた限り販
売が生産物によって分化していた」（森下 1966 ,p.146）との指摘があるように，
小売商業の役割である生産者に対する「販売代理機能」として役割の側面が強
くあらわれている分類といえよう。

　日本において，小売業種は，日本標準産業分類に依拠して，大分類・中分
類・小分類，そして細分類という次元で階層的に分類されている。『商業統計
表』によると，小売業種には，各種商品小売業，織物・衣服・身の回り品小売
業，飲食料品小売業，自動車・自転車小売業，家具・什器・機械器具小売業，
その他の小売業に分類されている。たとえば，「57 飲食料品小売業」という中
分類には，「571 各種食料品小売業」「572 酒小売業」「573 食肉小売業」「574
鮮魚小売業」「575 野菜・果実小売業」「576 菓子・パン小売業」「577 米穀類
小売業」「579 その他の飲食料品小売業」の小分類がある。さらに，「573 食
肉小売業」をみると，「5731 食肉小売業」と「5732 卵・鳥肉小売業」といっ
た細分類されている（表 5-1 参照）。

　これら小売業種を小売企業ないし小売店舗でみた場合，各種商品小売業には

百貨店，総合スーパー，万屋などがあげられ，織物・衣服・身の回り品小売業には，呉服屋，帽子屋，時計屋などがあげられ，飲食料品小売業には八百屋，魚屋，果物屋などがあげられる。

表 5-1　小売業種	表 5-2　小売業態
55　各種商品小売業 　　551　百貨店・総合スーパー 　　559　その他の各種商品小売業 　　　　　（従業者が常時 50 人未満のもの） 56　織物・衣服・身の回り品小売業 　　561　呉服・服地・寝具小売業 　　562　男子服小売業 　　563　婦人・子供服小売業 　　564　靴・履物小売業 　　569　その他の織物・衣服・身の回り品 　　　　　小売業 57　飲食料品小売業 　　571　各種食料品小売業 　　572　酒小売業 　　573　食肉小売業 　　574　鮮魚小売業 　　575　野菜・果実小売業 　　576　菓子・パン小売業 　　577　米穀類小売業 　　579　その他の飲食料品小売業 58　自動車・自転車小売業 　　581　自動車小売業 　　582　自転車小売業 59　家具・じゅう器小売業 　　591　家具・建具・畳小売業 　　592　機械機器小売業 　　599　その他のじゅう器小売業 60　その他の小売業 　　601　医薬品・化粧品小売業 　　602　農耕用品小売業 　　603　燃料小売業 　　604　書籍・文房具小売業 　　605　スポーツ用品・がん具・娯楽用品・ 　　　　　楽器小売業 　　606　写真機・写真材料小売業 　　607　時計・眼鏡・光学器械小売業 　　609　他に分類されない小売業	1.　百貨店 1)　大型百貨店 2)　その他の百貨店 2.　総合スーパー 1)　大型総合スーパー 2)　中型総合スーパー 3.　専門スーパー 1)　衣料品スーパー 2)　食料品スーパー 3)　住関連スーパー 4.　コンビニエンスストア 5.　ドラッグストア 6.　その他のスーパー 7.　専門店 1)　衣料品専門店 2)　食料品専門店 3)　住関連専門店 8.　中心店 1)　衣料品中心店 2)　食料品中心店 3)　住関連中心店 9.　その他の小売店

出所：経済産業省編『商業統計表』経済産業省より作成

2. 小売業態

　小売業態とは，営業形態の略であり，小売業種と対応して用いられる概念である。**小売業態**（Type of Operation）は，小売商業を「いかに売るのか（How to Sell）」という経営・販売の視点から分類する基準である。この分類は，立地・販売促進・価格帯・品揃え・レイアウト・サービスなどの小売商業の基本的要素を組み合わせた**小売ミックス**や消費者の買い方に最も対応できるように構成された定型的な営業形態にもとづいている（笹川 2006, p.75）。したがって，小売商業の小売ミックスや消費者の買い方を基準として分類され，小売商業の役割である消費者に対する「購買代理機能」として役割が強くあらわれている分類といえよう。

　たとえば，食品スーパーとコンビニエンス・ストアを比較してみると，食料品や飲料品といった類似の商品を販売しているが，明らかに消費者に訴求する営業や販売方法が異なっている。食品スーパーでは「豊富な品揃え」「商品の新鮮さ」「低価格」といった品揃えの豊富さや価格面を消費者に訴求するのに対して，コンビニエンス・ストアでは「便利な品揃え」「便利な営業時間（長時間営業）」「便利な立地条件への出店」といったサービス面を消費者に訴求している点に差異がみられる（鳥羽 2013, p.67）。

　日本の『商業統計表』においては，小売業態を小売企業ないし小売店舗でみた場合，「店舗販売か無店舗販売か」「対面販売かセルフサービス販売か」「どのような品揃えの特徴をしているのか」などにもとづいて，１.百貨店，２.総合スーパー，３.専門スーパー，４.コンビニエンス・ストア，５.ドラッグストア，６.その他のスーパー，７.専門店，８.中心店，９.その他の小売店に分類されている（表 5-2 参照）。

3. 小売集積

　小売企業ないし小売店舗は，消費者の購買便宜をはかるために，一定の地域に集まって小売集積を形成している。このような小売集積には，自然発生的に形成されてきた商店街ないし計画的に構築・管理される**ショッピングセンター**

（**SC**）などがみられる。

　商店街[3]は，都市・地域の特定地域に個々の小売店・サービス業等が歴史的かつ自然発生的に集まり，相互に競争しながら共存共栄して立地している集積地域である。一般に，消費者が接近しやすく人口が集積している駅やバスターミナル周辺に小売店やサービス業などが集合して形成されている。したがって，商店街は小売機能の地域的集積の小売中心地あるいは買物中心地であり，小売店舗の集合形態として把握されている（金子・中西・西村 1998, pp.158-159）。

　ショッピングセンターは，各種小売業態や専門店が入店する小売商業集積の形態として認識される。一般に，ディベロッパーと称される開発業者が巨大な施設を建設し，計画的に運営・管理を行っている。百貨店や総合スーパーなどの大規模小売業態を核店舗として設置され，比較購買ができるように各種専門店を入居させている。また，映画館などの娯楽施設やレストラン街（フードコート）なども付設され，大規模な駐車場を備えていることを特徴としている（鳥羽 2013, p.67）。

　その他に，小売市場，寄合百貨店，寄合スーパーなどがある。小売市場は公設ないし私設の建物に食料品や日用品などの最寄品を取り扱う小売店が集積したものである。また，寄合百貨店，寄合スーパーは 5 人以上の中小小売商業が参加した共同店舗を設置し，全組合員がその中で営業しているものである（関根 1991, p.51）。

　近年では，幹線道路沿いの広大な敷地を利用したパワーセンターやアウトレットモールなどが躍進している。前者はカテゴリーキラー[4]と称される大型の総合専門店が中心となって形成されるショッピングセンターを指し，後者は過剰在庫や傷物などを低価格で販売するアウトレット・ストアから形成されるショッピングセンターを指している（鳥羽 2013, p.68）。

第4節　日本の小売業態

1.　日本の小売業態の展開

　日本における小売業態の発展は，百貨店に端を発し高度経済成長期のスーパーの出現によって本格化してきた。スーパーは歴史的には食料品や衣料品，医薬品・雑貨の専門スーパーとして創業された企業が多く，その後品揃えを拡大しながら大型化した SSDDS（セルフサービス・ディスカウント・デパートメントストア）へと変身し，さらに総合スーパーへと発展してきた。同時に生鮮食料品を中心として本来のスーパーマーケットである食品スーパーをはじめ衣料品スーパーなどの専門スーパーも着実に発展してきている。

　1970 年代の高度経済成長の終焉とともに，**モータリゼーション**の進展に伴って，紳士服・家電・スポーツ用品・住居用品・靴・玩具などの専門量販店が郊外幹線道路沿いに立地するロードサイド・ショップが発展してきている。それと並行して消費の成熟化と出店規制強化によって利便性を追求した小型店舗のコンビニエンスストアが発生し発展してきている。さらに規制緩和，グローバル競争の進展，過剰生産・供給過剰などによって価格訴求型小売業態のディスカウントストアが発生し発展している（矢作 2001, p.98）（図 5-2 参照）。

2.　日本の各種の小売業態

　日本にみられる小売業態には，(1) 専門店, (2) 百貨店, (3) スーパーマーケット（食品スーパー）, (4) スーパー（総合スーパー）, (5) コンビニエンス・ストア, (6) ホームセンター, (7) ディスカウントストア, (8) ドラッグストアなどがあげられる。そこで，これらの小売業態の概念や特徴を簡単に紹介しておこう。

(1) 専門店

　専門店（Speciality Store）は，専門品や買回品を中心に特定分野の商品に絞って品揃えをした小売業態である。したがって，取扱商品が専門化され高級化されている店舗を指したり，繁華街に立地し個性的商品を専門に扱っている店舗

図 5-2　日本の小売業態発展系統図

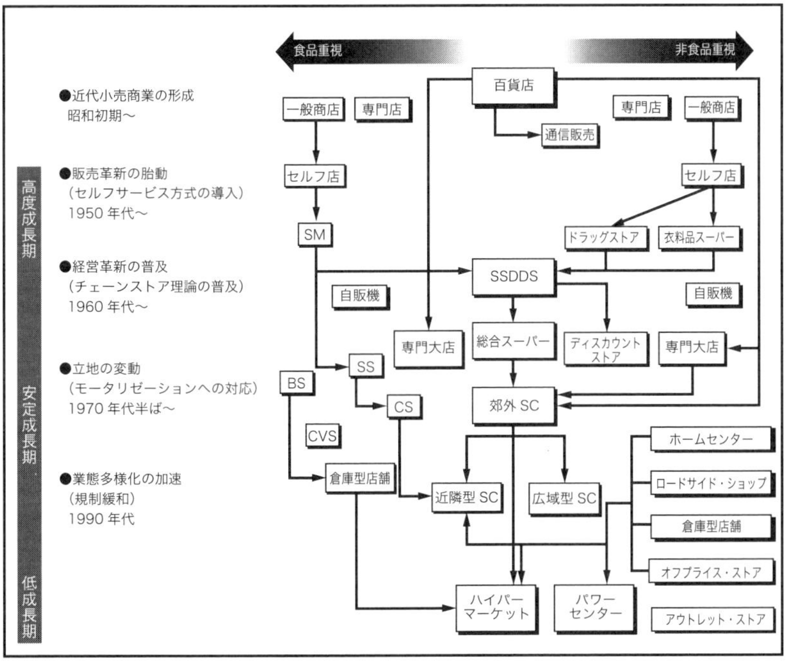

食品重視 ← → 非食品重視

●近代小売商業の形成
　昭和初期〜

●販売革新の胎動
　(セルフサービス方式の導入)
　1950 年代〜

●経営革新の普及
　(チェーンストア理論の普及)
　1960 年代〜

●立地の変動
　(モータリゼーションへの対応)
　1970 年代半ば〜

●業態多様化の加速
　(規制緩和)
　1990 年代

高度成長期　安定成長期　低成長期

百貨店　通信販売　一般商店　専門店　一般商店　セルフ店　セルフ店　SM　ドラッグストア　衣料品スーパー　自販機　SSDDS　自販機　専門大店　総合スーパー　ディスカウントストア　専門大店　BS　SS　CS　郊外 SC　CVS　倉庫型店舗　近隣型 SC　広域型 SC　ホームセンター　ロードサイド・ショップ　倉庫型店舗　オフプライス・ストア　ハイパーマーケット　パワーセンター　アウトレット・ストア

(注)　SM：スーパーマーケット，SSDDS：セルフサービス・ディスカウント・デパートメントストア，SS：スーパーストア (大型スーパーマーケット)，CS：コンビネーション・ストア (スーパーマーケットとドラッグストア，衣料品スーパー等との複合店舗)，SC：ショッピング・センター，BS：ボックス・ストア (小型食料品安売店)，CVS：コンビニエンスストア。
出所：矢作 (2001), p.98

を指すこともある。専門店の発展方向には，①単一品目に絞って奥深い品揃えを志向する方向もある。②限定した対象顧客に絞って品揃えを拡大していく方向もある。③用途別に関連した品揃えを拡大していく方向もみられる。一般に専門店は，大部分を中小小売商業の営業形態で占められているが，大規模店舗で特定分野にかぎって**カテゴリー・キラー**も現れている。たとえば，おもちゃのトイザらスなどであり，またカメラやパソコンなどに限定したカテゴリー・キラーもある (石川 2013, p.148)。

(2) 百貨店

百貨店（Department Store）は，都心の繁華街に大規模な店舗を設置し，買回品を中心に多種多様な商品を品揃えして陳列販売することで，ワン・ストップ・ショッピングや比較購買の便宜性を提供している。経営戦略としては店頭での価格交渉を排除して定価で販売すると同時に，返品自由や品質保証などの制度を導入することで消費者に安心感を提供している。

また，百貨店は，商品部門単位で仕入と販売を管理する部門別管理制を導入することで多様な商品の取り扱いを可能にしたのである。百貨店が「デパートメントストア（Department Store）」と称されるのは，こうした組織特性に由来したものである（鳥羽 2013, pp.69-70）。

世界で最初の百貨店は，1852 年にフランスのパリでアリステッド・ブシコー（Aristide Boucicaut）によって創業されたボン・マルシェであるといわれている。日本では，江戸時代からの古い歴史をもつ呉服屋が百貨店の源流とみなされ，これが取扱商品を拡大して近代的百貨店へ発展してきた。1904 年に三井呉服屋が三越百貨店と社名を変更したことを嚆矢として，いとう屋（松坂屋），白木屋，松屋，高島屋，大丸など次々と近代的百貨店が誕生した。なお，日本の百貨店のタイプは，都市百貨店（三越・大丸など），地方百貨店（岡山の天満屋，福岡の岩田屋，札幌の丸井岩井など），私鉄系百貨店（西武・阪急・阪神など），の 3 タイプに分けられる（関根 1991, p.47）。

(3) スーパーマーケット（食品スーパー）

スーパーマーケット（supermarket:SM）は，肉・野菜・魚介類などの生鮮食料品や乳製品や非食品などの最寄品を中心に品揃えをして，セルフ・セレクションとセルフサービスにより大量仕入・大量販売・高回転を実現し，消費者に低価格を訴求する小売業態である。

この低価格販売は，セルフサービス方式の本格的な導入と単品単位のマージン率設定によって実現された。セルフサービス方式の導入は，人件費の削減によって低コスト経営に貢献すると同時に，消費者に商品選択の主導権や比較購買の機会を提供することで購買を刺激した。また，商品別に「利ざや（原価と

売値の差）」を変化させる単品単位のマージン率の設定が，劇的な低価格の訴求を可能とした。すなわち，ある特定の商品はきわめて低いマージン率で販売し，他の品目についても一律でないマージン率を設定しながら全体としての収益を確保したのである。なかでも，原価を割るほどの低価格で販売される**ロス・リーダー（目玉品）**は，多くの顧客を吸引することで店全体の商品販売に貢献しているのである（鳥羽 2013, p.70）。

　スーパーマーケットは，1930 年にアメリカのニューヨークにマイケル・カレン（Michael Joseph Cullen）によって創業されたキング・カレンが初めといわれている。1929 年 10 月 24 日に勃発した世界恐慌を背景に，失業者が溢れ，消費者の購買力が低迷していた状況のなかで，食料品を大胆な低価格で販売する小売業態として登場してきたのである。

　日本のスーパーマーケットの歴史は，高度経済成長期に入る段階で誕生し，日本の経済成長とともに発展してきた。最初の本格的なスーパーマーケットは，1956 年に小倉で開店した丸和フードセンターであり，その後，主婦の店を看板に掲げる小売店が各地で出現していった。特に 1957 年に大阪（千林）にダイエー薬品が展開した主婦の店により，日本で本格的に発展していき，1972 年にダイエーの売上が三越百貨店を抜き小売商業で日本一となった。

　1980 年代になると，食品以外の幅広い品揃えによって総合スーパーへと展開していった。それとともに，日本のスーパーは，取扱商品により本来の食料品スーパーはもちろん，衣料品スーパー，住関連スーパーなどの専門スーパーが出現し発展している（石川 2013, pp.142-143）。

(4) 総合スーパー

　総合スーパー（General Merchandise Store：GMS）は，量販店ともいわれ，最寄品を中心に，衣食住に関連したさまざまな商品を幅広く品揃えし，百貨店に類似した大規模店舗の小売業態である。

　日本において，総合スーパーは，主として食料品中心のスーパーから発展してきたもので，消費者にワン・ストップ・ショッピングの利便性を訴求するとともに，多店舗の展開による大量仕入・大量販売の実現ならびにセルフサービ

スによるコスト削減等によって消費者に低価格を訴求して発展してきている。その代表的なものとしては，イトーヨーカ堂，イオン，西友などがあげられる（石川 2013,p.143）。

(5) コンビニエンス・ストア

コンビニエンス・ストア（Convenience Store：CVS）は，食料品を中心として日常生活に必要な最寄品を品揃えし，年中無休，長時間営業，住宅地・周辺への接近，交通上便利な場所に立地し，消費者に利便性を提供する小規模店舗の小売業態である。

コンビニエンスストアの特性は，その名が示すとおり消費者に便宜性（Convenience）を訴求するものである。具体的には，①日常生活に必要なあらゆる商品やサービスを提供するという「品揃えの便宜性」，②長時間営業に取り組むことで消費者の購買活動における時間的な制約を緩和する「時間の便宜性」，③あらゆる立地条件に出店することで店舗までの移動を容易にする「立地の便宜性」を提供することに集約される。

コンビニエンス・ストアの起源は，1920 年代にアメリカのテキサス州でサウスランド・アイス社が氷を販売するなかで，顧客の要望に応じて乳製品やパンなどの取扱商品を拡大したことが誕生の契機となった。その本格的な展開は，サウスランド・アイス社の後身であるサウスランド社がセブンイレブンを誕生させたことに始まる。

日本においては，セブンイレブンを展開していたアメリカのサウスランド社とフランチャイズ契約を結んだセブンイレブン・ジャパン（イトーヨーカ堂の子会社として設立されたヨークセブン）によって構築された（鳥羽 2013,p.71）。

(6) ホームセンター

ホームセンター（Home-Center：HC）は，家庭内で使用する非食品を中心に品揃えをした小売業態である。元来は日曜大工に必要な商品を販売していたが，日用品や家具・寝具，簡単な電化製品，ペット用品，ガーデニング用品を品揃えし，消費者に低価格で販売するようになった。

日本では，当初はアメリカの **Do it yourself** 運動の影響で，日曜大工用品

を中心に品揃えをしていた。最近ではペットブーム，ガーデニングブーム，アウトドアブームに便乗してこれらの関連商品の売場を拡大してきており，店舗は一般に郊外に立地し広い駐車場を構えている（石川 2013, p.147）。

(7) ディスカウントストア

ディスカウントストア（Discount Store：DS）は，衣料品や日用品，家庭用電化製品，家具・寝具などを中心に，食料品以外の品揃えを大量販売により，消費者に徹底した低価格訴求を行う小売業態である。低価格訴求のために，地価の安い郊外に立地し，店舗は倉庫型店舗や店舗の内装・外装にあまり資金を投入しないものが多い。

日本では 1960 年代から 1970 年代にかけて，メガネやカメラ，紳士服などの買回品や専門品を中心として出現し，1970 年前半には総合的品揃えをする小売業態も出現し発展してきている（石川 2013, pp.145-146）。

(8) ドラッグストア

ドラッグストア（Drug-Store）は，医薬品を中心に日用品・化粧品・健康食品・一般の加工食品を品揃えしている小売業態である。ドラッグストアは，規制緩和とともに薬局・薬店の取扱商品を拡大したり，化粧品などの値引き販売を行うことで，1990 年代を通して一気に拡大した。特に化粧品・健康食品・健康補助食品などを大量に取り扱うことにより顧客の支持を集めるようになった。

近年では，店舗拡大を積極的に進めるマツモトキヨシやコクミンなどが限られた地域で支持されていたドラッグストアの出店地域の拡大や資本・業務提携を行うことによりグループ化し発展している（石川 2013, pp.147-148）。

注
1）小売商業が取り扱う商品は消費財と呼ばれ，さらに商品特性と消費者の購買行動の特性に応じて「**最寄品**（Convenience Goods）」・「**買回品**（Shopping Goods）」・「**専門品**（Specialty Goods）」などに分類される。最寄品は，比較的に低価格で消費者が頻繁かつ即時に購入するもので，購買に際して最少の時間・費用や努力しか払わないものである。たとえば，タバコ・石鹸・新聞・お菓子などの日用雑貨品があげられる。買回品は，最寄品に比べて高価格で購買頻度が低く，消費者が商品選択や購買に際して製品の適合性・品質・価格・スタイルなどを比較かつ検討しながら

購入するものである。たとえば，家具・高額衣料品・大型家電品などの**耐久消費財**があげられる。専門品は，消費者が製品固有の特性ないしブランドに固執して購買するもので，これを購入するために特別な努力を惜しまないようなものである。たとえば，乗用車・高額楽器・写真機器などの高級専門品があげられる（Kotler and Armstrong1980, pp.244-248 村田監修／和田・上原訳 1983, pp. 437-443）。

　なお，商品の分類は，多くの学者によって多種多様な方法で行われているが，一般にコープランド（M. T. Copeland）による分類方法がベースになっている。

2）小売構造は，小売商業（小売店舗）の集合の一定のパターンと規定すると，連関構造，空間構造，経営構造という３つの視点から捉えることができる。このうち，連関構造は，小売商業として認識される領域を１つの産業として捉え，その投入・産出およびその産業内の市場構造特性といった視点から捉えるものである。たとえば，小売商業の競争特性（価格・取扱商品・提供サービス・立地）や小売商業の競争行動を戦略上の取り組み（革新者・模倣者・非革新者のタイプ）から捉える場合である（白石 1986, pp.65-68）。

　次に，空間構造は，小売企業ないし小売店舗の配置や活動領域を地域的（空間的）視点から捉えたものである。小売商業は，消費者を対象としているために，人口の地理的分布に規定されて地域的な分布の著しい産業である。そのために，その分布の態様は，都市と地方，都市・地域の中心部と周辺部などによって差異がみられ，小売店舗集積の階層的な分布になっている（白石 1986,pp.65-68, 鈴木 1980, pp.146-147）。

　さらに，経営構造は，小売企業ないし小売店舗を，①規模構造，②業種構造，③経営形態である形態構造という３つのレベルから捉えられる。このうち，①規模構造は，小売企業ないし小売店舗を規模の指標（資本金・従業者数・販売額・店舗面積・所有経営店舗数）から小売構造を捉えたものである。②業種構造は，小売企業ないし小売店舗を取扱商品の視点から捉えたものである。小売商業の取扱商品をその類似性でみたとき把握される種類を小売業種という。小売商業の取扱商品は，小売商業が操作できる戦略の手段であるために，その幅を広げたり，深めたりすることによって競争相手と対応することが多い。つまり，小売商業は取り扱う商品ラインや商品アイテム（品目）数を広げる総合化・多角化の方向があり，他方，取扱商品ないしその品目数を深める専門店の方向がある（白石 1986,pp.72-74）。③形態構造（経営形態）は，小売企業ないし小売店舗を経営形態・企業形態・営業形態の視点から捉えたものである。このうち営業形態としては百貨店・スーパー・専門店・無店舗販売などに分類される。経営形態としては独立小売商業と組織化小売商業に分類され，企業形態として個人組織・会社組織・協同組合組織・公企業組織に分類される。特に営業形態のうち，小売商業の小売ミックスや販売方法を中心として分類したものが小売業態として把握できる（尾碕 2012, p.45）。

3）商店街には，『商店街実態調査報告書』の基準によると，近隣型・地域型・広域型・超広域型の４タイプに分けられる。たとえば，東京の銀座など大都市中心部にある商店街は超広域型商店街のタイプであり，「百貨店，量販店等を含む大型店があり，

有名専門店，高級専門店を中心に構成され，遠距離からの来街者が買物をする商店街」と定義づけられている。また，日常的に生鮮食料品などの最寄品を購入する商店街は近隣型商店街・地域型商店街のタイプであり，近隣型商店街は「最寄品中心で地元主婦が日用品などを徒歩または自転車などにより日常性の買い物をする商店街」と定義づけられている（番場 2006, p.86）。

4）カテゴリーキラー（Category Killer）とは，特定の商品範疇で圧倒的な品揃えを形成すると同時に，メーカーとの大規模な直接取引による仕入価格の圧縮やセルフサービス方式の導入による効率的な経営から低価格を実現することで，既存の小売店から顧客を奪い去る殺し屋のような競争力を備えた小売業の形態をいう。具体的には，アメリカのトイザらス，オフィスデポ，スポーツデポなどが象徴的な存在として取り上げることができる（鳥羽 2013, p.85）。

（参考文献）

1）石川 和男（2013）『基礎からの商業と流通（第 3 版）』中央経済社

2）岩永 忠康（2014）『現代の商業論―日本小売商業の理論・問題・国際化―』五絃舎

3）岩永 忠康（2017）「はしがき」岩永 忠康監修『アジアと欧米の小売商業―理論・戦略・構造―』五絃舎

4）尾碕 眞（2012）「小売業」尾碕 眞・岡本 純・脇田 弘久編『現代の流通論』ナカニシヤ出版

5）内藤 耕（2013）「伝統的市場の近代化」倉沢 愛子編『消費するインドネシア』慶應義塾出版会

6）金子 泰雄・中西 正雄・西村 林編（1998）『現代マーケティング辞典』中央経済社

7）齋藤 雅道（2006）「小売の理論」加藤 義忠監修・日本流通学会編『現代流通事典』白桃書房

8）笹川 洋平（2006）「業種と業態」加藤 義忠監修・日本流通学会編『現代流通事典』白桃書房

9）白石 善章（1986）「商業構造」合力 榮・白石 善章編『現代商業論―流通変革の理論と政策―』新評論

10）鈴木 安昭（1980）「小売業」鈴木 安昭・田村 正紀『商業論』有斐閣

11）鈴木 安昭（1993）『新・流通と商業』有斐閣

12）関根 孝（1991）「小売機構」久保村 隆祐編『商学通論（新訂版）』同文舘

13）鳥羽 達郎（2013）「小売商業」岩永 忠康監修 / 西島 博樹・片山 富弘・岩永 忠康編『現代流通の基礎理論』五絃舎

14）番場 博之（2006）「零細小売商と商店街」加藤 義忠監修・日本流通学会編『現代流通事典』白桃書房

15）村田 昭治監修 / 和田 充夫・上原 征彦訳（1983）『マーケティング原理―戦略的アプローチ―』ダイヤモンド社

16）森下 二次也（1966）『現代商業経済論』有斐閣

17）矢作 敏行（2001）「小売業態の発展」鈴木 安昭・関根 孝・矢作 敏行編『マテリ
アル　流通と商業（第2版)』有斐閣

18）若林 靖永・崔 容燻他訳（2009）『変わる世界の小売業』新評論

19）Brenda Sternquist（2008）*International Retailing*, 2nd ed., FAIRCHILD
PUBLICATIONS　NEW YORK

20）Philip Kotler and Gary Armstrong（1980）*Principle of Marketing*, 4th ed.,
Prentice-Hall Intenational, Inc.

第6章

小売国際化

本章の構成

第1節　小売国際化の実態と定義

第2節　小売国際化の研究視点

第3節　小売企業の海外進出要因

第4節　小売国際化の検討課題

本章のポイント

本章のポイントと概要は以下のとおりである。

近年，欧米諸国の大規模小売企業の国際進出が活発化している。本章では国際展開している小売企業の海外出店の実態把握・出店プロセスを理解しながら，小売国際化の意義について学習する。

○第1節では，小売業の国際進出について概観しながら，小売国際化の定義を研究者別に紹介する。また「小売企業の国際化」や「小売市場の国際化」を理解する。

○第2節では，これまでの小売国際化研究を紹介する。ここでは，小売企業の国際展開を国際競争戦略，国際化プロセスの側面から捉えることで，小売国際化の本質について学習する。

○第3節では，大規模小売企業の海外進出要因について，海外進出の規定要因を理解しながら，プッシュ要因とプル要因に分けて捉える。

○第4節では，小売国際化の検討課題をいくつか挙げることで，これからの小売国際化について考える。

第1節　小売国際化の実態と定義

1.　小売国際化の実態と指標

　世界の小売企業ランキングを公表している Deloitte 社の「Global Powers of Retailing 2019」によれば，世界最大の小売企業であるアメリカのウォルマートの小売収益は，50 兆円を超えており，以下，コストコ（アメリカ），クローガー（アメリカ），アマゾン（アメリカ），シュワルツ（ドイツ）が続いている（表 6-1）。日本企業はトップ 10 にはランクインしていないものの，イオン（13 位），セブン＆アイ・ホールディングス（18 位），ファーストリテイリング（56 位），ヤマダ電機（67 位），ファミリーマートユニー・ホールディングス（84 位），三越伊勢丹ホールディングス（89 位）の計 6 社が 100 位以内にランキングしている。

表 6-1　世界の小売企業トップ 10（2017 年度）

順番	企業名	国名	小売収益 (US ＄M)	進出先国 ・地域数	国内主要業態
1	Wal-Mart Stores,Inc.	US	500,343	29	ハイパーマーケット
2	Costco Wholesale Corporation	US	129,025	12	現金持ち帰り卸売
3	The Kroger Co.	US	118,982	1	スーパーマーケット
4	Amazon.com,Inc.	US	118,573	14	無店舗
5	Schwarz Group	Germany	111,766	30	ディスカウントストア
6	The Home Depot,Inc.	US	100,904	4	ホームセンター
7	Walgreens Boots Alliance,Inc.	US	99,115	10	ドラッグストア
8	Aldi Einkauf GmbH & Co.oHG	Germany	98,287	18	ディスカウントストア
9	CVS Health Corporation	US	79,398	3	ドラッグストア
10	Tesco PLC	UK	73,961	8	ハイパーマーケット

注：トップ 10 内のデータにはカルフール（フランス）は含まれていない
出所：Deloitte Touche Tohmatsu Limited. (2019)，13 ページより抽出

　このような世界上位の売上規模を誇る小売企業は，**グローバルリテイラー**と呼ばれているが，上述のグローバルリテイラーの実態を端的に示すには，「小売企業別の国際化度」を計る必要がある。その指標の例として，第 1 に海外出

店先国・地域数，第 2 に小売企業の全店舗数に占める海外店舗数，第 3 に小売企業の全店舗数に占める海外店舗における売上高比率が考えられる。たとえば，向山（2009）によれば，国際化の程度を示す指標として「平均国別海外進出国数」と「平均国別海外売上比率」が提示されており，調査時における国内外で抱える総店舗数に占める海外店舗数の比率は，カルフール（78.5%），テスコ（43.6%），ウォルマート（43%），イオン（1.1%）という結果が出ている。また分析から「海外進出先国数」と「海外での売上高比率」は，カルフール（26）（26%），ウォルマート（13）（24.2%），テスコ（13）（24%），イオン（4）（11.2%）の結果が得られており，海外店舗 1 店当たりの売上高の推移は，欧米企業は横ばいから減少しており，逆に日本企業は増加傾向にあると分析している。

　近年，主要先進国の小売業の国際展開が目覚ましいが，元来，小売業は地理的に限定された当該国・地域において活動することから，ドメスティック産業（国内産業）と呼ばれることがある。しかし，ここ 30 年ほどの間に一部ではあるがその活動領域をグローバル化（地球規模化）させる小売企業が出現しており，小売業がドメスティック産業であるとの認識は薄らいでいる。世界最大の小売企業であるアメリカのウォルマートの他にもフランスのカルフール，ドイツのメトロ，イギリスのテスコなどの欧米の大規模小売企業は，地理的活動領域を一国・地域にとどめず，越境して国際展開している。これらの世界的な大規模小売企業の行う国際小売活動は，国際展開する現地での仕入・販売を基礎としながら，さまざまな商品流通の国際化を促進しており，また進出先国・地域に対して多大な影響力[1]を及ぼしている。

　上述した国際展開している小売企業の大きな特徴は，①地理的拡大を志向し，複数国・地域において小売販売活動を行い，②商品調達をも国境を越えて行っているところにある。この点を踏まえて本章では，商業の国際化をとりわけ小売業に限定して，第 1 に小売企業の本国以外の他国・地域への出店およびその展開，第 2 に国際的小売企業の当該国・地域への出店および展開による当該小売市場の国際化の二側面から捉える。一般的に前者は「**小売企業の国際化**」，後者は「**小売市場の国際化**」と呼ばれている[2]。ちなみに，小売分野における「国

際化」は，国境の存在や意義を意識し，それゆえに国境を越えるごとに経営方法や販売する商品を変えて対応することを指し，「グローバル化」は国境の存在や意義を乗り越えたボーダーレスな行動であり，国境を越えても経営のやり方や販売商品を大きくは変えないことを意味する（川端 2000, p.10）。

2. 小売国際化の定義

　それでは，小売企業の活動実態の分析を行っている代表的な研究者の見解を時系列に整理しながら，小売国際化の定義づけを行う。

　まず 1990 年代では，海外展開する小売企業が限定的であった点を踏まえて，McGoldrick（1995）が，小売国際化の 5 つの側面として，①国際的拡張，②海外競争，③国際的商品調達，④国際的提携，⑤ノウハウやアイディア移転を取り上げており，それぞれを本国小売企業の海外市場参入，海外小売企業の本国市場への参入，小売企業の国境を越えた商品調達，国境を越えた小売企業間の提携，国境を越えた小売経営における知識の移転として紹介している。

　向山（1996）は，小売国際化を戦略行動次元と捉えて，「内から外」，「外から内」と「出店行動」，「商品調達行動」の 4 つのセルで説明しており，それは，①日本から海外へ企業が進出すること，②日本から海外へ商品が供給されること，③海外から日本に商品が供給されること，④海外から日本に企業が進出すること（向山 1996, pp.64-65）と捉えている。

　また Alexander（1997）は，規制，経済発展度，社会状態，文化的環境，小売構造などにおいて相互に異なる市場における小売オペレーションのマネジメントを「国際的小売活動」と言及している。すなわち，小売経営技術を海外へ移転させること，もしくは国際的取引関係を確立することが国際的小売活動であり，規制，経済，社会，文化，小売構造などの国境を克服して，自国とは異なる環境のなかで成立させる国際的統合段階にまで小売組織を発展させることを「小売国際化」としている（Alexander 1997, p.37）。

　2000 年代は，欧米の大規模小売企業が，近隣諸国以外にも中国を中心としたアジア市場への進出を増加させていく時期である。川端（2000）は，アジ

アに展開する小売企業の分析から，①店舗立地の国際化，②商品調達の国際化，③資金の国際化，④金融機能の国際化，⑤非小売事業の国際化，⑥労働力の国際化（川端 2000，p.10）という小売企業の国際化の諸側面を言及している。

　一方で，青木（2000）は，単一あるいは複数の小売企業の協業によって国境を越えた（2カ国以上で）流通活動が展開される場合を小売国際化と呼び，「市場参入」，「商品調達」，「知識移転」の3側面を挙げる（青木 2000，p.67）。

　矢作（2001）は，①商品の国際化，②経営技術の移転，③資本の国際化を挙げ，小売企業の国際化では資本の自由化政策に直接影響される「資本の自由化」が重要であると指摘する（矢作 2001，pp.17-18）。

　最後に，金（2008）は，小売企業の海外進出の戦略性を意識し，グローバル戦略は標準化であり，多国籍戦略は適応化であると述べ，国内市場と海外市場とを区別することを小売「国際化」，国内および海外の市場を一元的に捉えることを小売「グローバル化」と言及している（金 2008，p.10）。

　小売国際化の規定要因は，小売国際化を決定づける要因であり，第1に小売企業の本国以外の他国・地域への展開（小売企業の国際化），第2に国際的小売企業の当該国・地域への小売市場参入による展開（小売市場の国際化），そして第3に国際的仕入活動および国際的販売活動に加えて知識やノウハウを含む国際的情報伝達が考えられる。すなわち，小売国際化は，小売企業の国際化と小売市場の国際化の両側面を有し，商品調達，商品販売を2国・地域間以上で行う小売企業を主とした国際活動により，関係組織間における有形無形の小売資源が伝播・移転するプロセスということになる。

第2節　小売国際化の研究視点

　本節では，小売国際化の本質を探るべく，以下の点で関連するいくつかの研究を紹介する。まず1点目は小売企業の経営戦略，2点目は国際化プロセスについて研究別に見ていく。

1. 国際競争戦略研究

(1) 企業成長戦略

企業の成長戦略に主眼におき，「市場」と「製品・事業」ベクトルで分割して新市場と新製品・事業において企業が採用するべき戦略は，多角化であるとする Ansoff (1965) の研究を応用した Pellegrini (1994) の見解がある。彼は，小売企業の国際化を企業成長戦略と捉え，「地理的多角化」と「商品多角化」の2軸を用いて小売企業の成長パターンを説明した。すなわち，①地理的多角化，②商品多角化，③グローバル・限定製品多角化，④商品多角化・限定国際化，⑤国際的小売コングロマリットである。

具体的には，上記の②を除いて，①は大型専門店のトイザらすやイケア，小型専門店のベネトンやボディショップなどが該当する。これらの小売企業はグローバルな規模で商品標準化を図るタイプの企業である（グローバル企業）。③はカルフールやマークス＆スペンサーなど地理的多角化を推し進め，取扱商品も限定的ながら拡大するタイプの小売企業を指す。④には商品多角化を推し進めながら限定的に地理的多角化を図るセインズベリーやシアーズを代表とする小売企業，そして⑤には，メトロや GIB などの地理的多角化と商品多角化を同時に達成していくタイプの小売企業が挙げられる。

また，Porter (1986) は，グローバル産業を分析するなかで，当該国における自社の競争上の地位が，①他国における競争上の地位と関連性が深いグローバル業界，②他国における競争上の地位と無関係にあるマルチドメスティック業界とを大別し，グローバル企業の競争戦略に関して言及している。商品特性による競争戦略変化，チェーンオペレーションの有効性など，小売業に直接援用できる点の有無を精査する必要はあるが，競争をベースとした論点を提供した点は評価されている。

一方で，Treadgold (1988) は，「地理的展開の度合い」と「参入・事業活動の戦略」の2軸を設定して小売国際化の戦略パターン化を試みている（図6-1）。縦軸の地理的展開度には，小売企業の出店状況に応じて，①類似性のある近隣国への進出（集中的国際化），②文化的に異なる地理的に距離がある国へ

の進出（分散的国際化），③地理的に離れた国に多数進出（多国籍），④最も広範囲に進出・拡大を意図した進出（グローバル）の４つの領域がある。横軸の参入・事業活動戦略は，海外へ投入する資源レベルのコストと小売活動に対する統制度合を示しており，①高コスト・高コントロール，②中コスト・中コントロール，③低コスト・低コントロールの３つのレベルに分けることができる。

図 6-1　小売国際化の戦略パターン

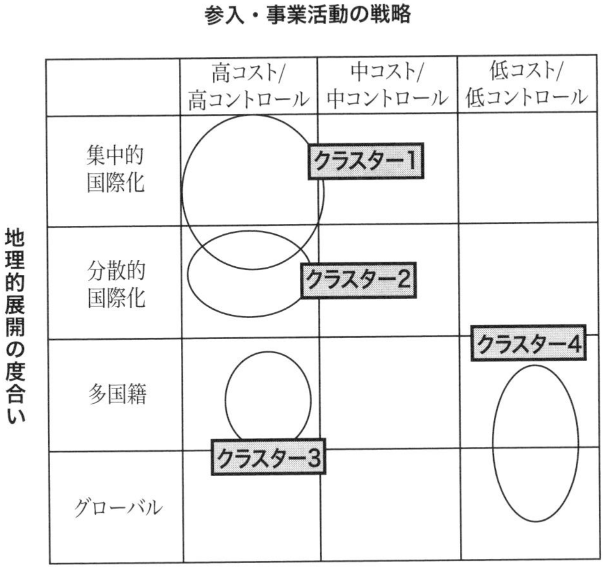

参入・事業活動の戦略

地理的展開の度合い		高コスト/高コントロール	中コスト/中コントロール	低コスト/低コントロール
	集中的国際化	クラスター1		
	分散的国際化	クラスター2		
	多国籍	クラスター3		クラスター4
	グローバル			

出所：Treadgold（1988），p.10 を修正加筆

彼は，これら合計 12 のマトリクス上で大きく４つに小売企業を分け，国際化戦略の一般化を試みた。すなわち，クラスター１は「慎重な国際化志向小売企業」，クラスター２は「大胆な国際化志向小売企業」，クラスター３は「攻撃的国際化志向小売企業」，クラスター４は「世界力志向小売企業」である。

小売国際化戦略の一般化モデルでは，Salmon = Tordjman（1989）の研究が大きく貢献している。それは，国際的小売企業が母国と同一のフォーミュラ（規格化された方式）を世界的規模で複製していく**グローバル戦略**と，フォーミュ

ラを進出先の各国・地域別に適応させていく**多国籍戦略**を，小売業態との関連づけで明確化した点である。グローバル戦略を採用する企業にベネトン，ローラ・アシュレイ，イケアなどの専門店があり，独自商品を開発して現地販売するパターンが該当する。多国籍戦略は，百貨店，ハイパーマーケットが業態開発を行いながら現地化を軸に店舗数を増加させる等のパターンとなる。一般的に前者は標準化戦略，後者は適応化戦略が採用されている。

　昨今の小売企業の国際競争戦略研究では，小売企業の成長をどの軸で捉えるかについて看過されてきた。その点で前述のPellegrini（1994）の研究は，日本の小売国際化研究の第一人者である向山（1996）の主張する「グローバル・パス・モデル」に影響を与えている。つまり，小売企業の「出店行動」と「商品調達行動」の2つの戦略次元において，小売企業が純粋ドメスティックからダイレクトに純粋グローバルへと向かう成長過程が示されている。向山（1996）の研究は，小売企業の戦略的視点が「標準化」および「適応化」の二者択一の問題ではなく，小売企業もグローバル化が可能である点を証明している。

(2) 資源ベース論

　小売国際化において，小売企業の内部資源に着目した資源ベース研究は進んでいない。**資源ベース論**はRBV（Resource-Based View）とも呼ばれており，その端緒はPenrose（1956）である。彼の研究では，企業行動および企業の成長を説明する際に海外直接投資を事業機会の拡張と認識している。その後，Wernerfelt（1984）やBarney（1986）の研究において，どの資源が競争優位の獲得に有効かが論じられた。

　その際には必ず**経営資源**の明確化が求められる。伊丹（1984）は，①顧客の信用，②ブランドの知名度，③技術力，④生産ノウハウ，⑤組織風土，⑥従業員のモラルといった「見えざる資産」である「情報」という経営資源に早くから着目した。日本企業の多国籍化について研究している吉原（1984）も，ヒト，モノ，カネ，情報という基本的な企業の経営資源を人的資源，物的資源，資金的資源，情報的資源の4つに分類し，日本企業の海外進出を分析している。

　また，Meyer = Boone（1989）も情報によって獲得している競争優位の事

例を紹介しながら，情報のもつ「付加価値」の測定を試み，情報技術を戦略的資源として捉えている。

　経営資源を捉える際に重要とされているのが，企業の内部資源のうちの無形資源における競争優位の獲得である。同時期の RBV 研究の代表者である Dierickx = Cool (1989) は，有形無形の資源のうちで企業が保有する知識，ノウハウ，評判などの無形資源は取引不可能な資源であり，この取引不可能な資源が他企業に対しての競争優位やレント（超過利潤）の源泉になりうると言及しているように，RBV は小売企業経営においても有効と考えられる。また，洞口 (1992) も無形資源を企業自らが保有する優位性の源泉となる固定要素として認識している。これらの研究は，製造業を中心とした研究であるが，小売業についても十分応用可能な無形の経営資源に着目した研究として評価できる。

　さらに，経営資源の海外移転研究では，日系企業の経営資源の国際移転に関して「移転可能性説」を唱えた Oliver = Wilkinson (1992) の研究がある。彼らの研究は，経営資源は文化的，伝統的，あるいは制度的に結合しているために移転は不可能とされていた学説（移転不可能説）に異を唱え，在イギリス欧米企業の日本的管理方式の採用事実を分析することによって，経営資源の国際移転を証明した。

　先に述べたように，小売国際化の核心部分を知識として理解することも必要になってきている。小売業の国際化を小売ノウハウの海外市場移転として捉えている Kacker (1988) は，小売ノウハウの国際的移動を大きく「**移転**」と「**伝播**」に分けている。前者は小売ノウハウをもつ子会社の設立，合弁事業の確立，フランチャイズ技術指導を指し，後者は海外企業の視察，国際セミナーへの参加，海外企業の模倣などを指す。さらに，Barney (2002) が提示している，上述の小売ノウハウを含む模倣困難な固有の持続的経営資源を有する小売企業は，競争がグローバル化すればより優位に店舗展開をすることが見込まれる。また，金 (2008) は，小売企業のグローバル戦略との関係で，小売ノウハウ等の国際移転において，「技術依存型小売ノウハウ」と「管理依存型小売ノウハウ」とを明確化し，前者の移転できる経営資源を「適用」し，後者の移転できない経

営資源を「適応」させることも提唱している。

　企業が保有する有形無形の経営資源の国際移転は，経営資源論，国際経営論との関連で問われてきたが，流通・マーケティング分野の研究領域では，小売企業が保有する有形無形資源の国際移転として注目されている。

(3) 市場特性研究

　小売市場の特性や構造に着目した戦略研究もある。たとえば，川端（2000）は，市場の「フィルター構造[3]」との関係により，①飛び地戦略，②優位性戦略，③特定市場適応化戦略，④複数市場適応化戦略，⑤グローバル戦略の５つの小売企業の海外進出戦略を示している。とりわけ，競争戦略基準として標準化と適応化に分けるとすれば，前者は上記の①と②，後者は上記の③と④が該当する。標準化戦略は，母市場フィルター構造と共通性が高い市場フィルター構造である海外市場への進出を意図し，母市場でのノウハウ等や出店様式をそのまま活かしやすく，適応化戦略は，程度の差はあるが特定市場を絞りながら現地化を目指す意味で採用される。残りの⑤は，多くの市場フィルター構造に適合させるべく，小売企業が大きく戦略変化させグローバル化を目指す戦略である。

2.　国際化プロセス研究

　世界的な大規模小売企業であるウォルマート，カルフール，メトロ，テスコなどは，1990 年代において海外出店を加速させ，特に東アジアへの出店行動を積極的に展開した。2000 年以降は東南アジアへの出店シフトも起こり，同時に小売国際化研究の動向にも変化が生じている。たとえば，欧米諸国を中心とした大規模小売企業の海外出店の事象把握から過程（プロセス）を捉える方法への変化である。具体的には，①小売企業の存続，発展成長に関してチェーン展開という量的側面と，②時間軸をともなう技術的な質的側面による海外展開活動を，点から面として捉える研究である。

　この研究分野では，いち早く Kacker（1986）が，小売ビジネスの特性と国際化の程度との関連性，小売技術の国際移転プロセス，経済発展に対する小売業の役割について言及し，今日の小売国際化プロセス研究の端緒となっている。

　小売企業が国境を越えるプロセスは，欧州における事例が示している通り，進出地域の地理的拡大であり，隣接する市場から遠く離れた市場へと小売活動を広げるプロセスを意味している。それに関連して，Dawson（1993）は地理的拡張の観点だけでなく，文化的に類似した市場から性格が異なる異質市場への小売業の進出に焦点を当てている。彼が主張するのは，異なる市場間におけるその距離は，単に地理的な尺度だけではなく心理的，構造的諸要因の組み合わせが関係している点である。また，Evans et al.（2000）の見解では，文化や事業の異質性としての知覚や理解の違いが，本国市場と海外市場との心理的距離として生じており，その影響から小売企業の海外出店プロセスが異なることを示唆している。

　さらに，Alexander = Myers（2000）の小売国際市場概念モデル（図6-2）では，小売企業の進出先は，地理的・心理的に親近感を有する市場（1次市場）から開始され，次第に社会的・経済的に，そして文化的に異なる市場（2次市場）へと拡張し，さらに全く異なる市場（3次市場）へと進むことを述べている。

　このモデルはプロダクト・ライフサイクル論を援用して製造業と小売業の国際化研究の統合を図り，本国における小売企業が獲得した競争優位をもとに国際化が進展するとの見解を示し，小売企業の出店プロセスについて市場概念を用いて説明している。すなわち，その競争優位性は，「革新的資産」と「模倣

図6-2　小売国際市場概念モデル

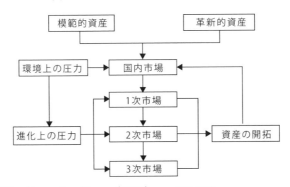

出所：Alexander=Myers（2000），pp.334-353

的資産」と呼ばれる経営資源をベースに論拠としている。

　一方で，小売国際化プロセスのうちで組織行動に着目したのが，Vida ＝ Fairhurst（1998）である。彼らは企業行動の「前提」，「プロセス」，「結果」の３つの過程を明確にすることで，国際化プロセスを「組織行動モデル」として提示した。彼らの理論を応用した矢作（2007）は「組織行動モデルⅡ」を提唱しており，小売企業の国際展開の実際を動態的な小売プロセスとして「初期参入」，「現地化」，「グローバル統合」の各段階の関連性と相互作用を解明している。この研究では，業態戦略を核とする「小売業務システム」とそれを支える「商品調達システム」および「商品供給システム」から構成される「小売事業モデル」の概念と，現地化戦略パターンに加えて「国際ネットワーク・アプローチ[4]」の分析視角を取り入れている。

第３節　小売企業の海外進出要因

1. 小売企業の海外進出の規定要因

　小売業の海外進出は，メーカーのそれとは異なり，進出先国・地域における現地の消費者を対象とした商品・サービス販売活動を意味する。一般的に，小売業の国際化は製造業の国際化と比べて遅く現れると言われているが，進出先国・地域における小売活動は，現地の政治的・経済的環境から大きな影響を受け，また現地での消費者購買行動に規定される。進出先国・地域における小売市場は，近隣であっても同質的な市場とは限らない。したがって，小売企業の生成プロセスおよび発展状況，何よりも前述のような戦略面においてはその差異が認められる。

　小売企業の発展プロセスは，もはや国内に限定される話ではなくなっていると考えられる。以下では，小売企業の海外進出要因について，小売企業を国内から海外へ押し出す要因（プッシュ要因）と，小売企業が海外から引き寄せられる要因（プル要因）に分けて分析する。

　欧米の大規模小売企業を例に，国際進出の動機や要因は大きく「**プッシュ要**

因」と「**プル要因**」に分けることができる (Treadgold = Davies 1988)。プッシュ要因とは本国市場から海外市場へと小売企業を後押しする要因であり，プル要因とは海外市場から吸引される要因である。小売企業の国際進出の参入規定要因は，社会文化的距離，国際経験，企業理念，小売企業特性など (Treadgold = Davies 1988) であるが，①進出先国の市場規模，②進出先国の経済的繁栄水準，③自社の業態，④自社の取扱商品ライン，⑤進出先国における小売業の発達度など（Alexander 1990）も大きな規定要因とされる。

2．海外出店の要因分析

　プッシュ要因では，①国際市場で通用する経営革新性，②能動的成長志向 (Williams 1992) が大きな因子として考えられる。事例研究からは「切迫した本国市場の飽和」を要因とするアホールドや GIB の海外出店，「本国の出店規制による立地余地の限界」を要因とするカルフールやオーシャンのようなハイパーマーケットの海外出店（Dawson 1994）も知られている。

　他方のプル要因では，進出先国のニッチ市場の存在（Alexander 1990）や「進出市場の未開拓性や成長性の存在」を要因とするトイザらス，イケア，ボディショップなどの海外出店，「複数市場へのリスク分散」を要因とするメトロ，テンゲルマンなどの多角的海外投資（Dawson 1994）の事例もある。

　またその他の要因として「企業家精神，冒険心」を要因とするマークス＆スペンサー，C&A，ヤオハンなどの海外進出や「海外での顧客対応」を要因とする日系百貨店の例（Dawson 1994）なども取り上げることができる。

　表 6-2 は，Alexander (1997) の政治，経済，社会，文化，小売構造の視点から分析した海外出店要因である。表中には表現されていないが，小売国際化には「プロアクティブ国際化」と「リアクティブ国際化」があり [5)]，国際進出を果たしている小売企業の実態から，消極的進出要因よりも積極的進出要因がより小売国際化を促進させる要因となっている。

表 6-2　海外出店の要因分析

	プッシュ要因	プル要因
政治的要因	政治的な不安定 厳しい 規制環境 反商業振興的な政治風土の支配 消費者金融の制限	政治的な安定 ゆるやかな規制環境 商業振興的な政治風土の支配 ゆるやかな消費者金融の規制
経済的要因	経済の低迷 低成長 高いオペレーションコスト 市場の成熟 国内市場規模の小ささ	良好な経済状態 高度成長の滞在的可能性 低いオペレーションコスト 発展市場 資産投資への期待 巨大市場 好ましい為替レート 安い株価
社会的要因	ネガティブな社会環境 魅力に欠ける人口統計上の傾向 人口の停滞もしくは減少	ポジティブな社会環境 魅力的な人口統計上の傾向 人口増加
文化的要因	排他的文化風土 異質な文化環境	文化的共通点によるなじみやすさ 魅力的な文化的組織構造 革新的なビジネス・小売文化 企業エートス 同質的な文化環境
小売構造要因	厳しい競争環境 高い市場集中度 業態の飽和 好ましくない経営環境	ニッチ機会の存在 自社保有設備の存在 追随的拡張 好ましい経営環境

出所：Alexander (1997), p.129

第4節　小売国際化の検討課題

　小売国際化は「小売企業の国際化」と「小売市場の国際化」の二側面の同時進行プロセスである点を確認してきたが，その本質を探る上では，今後検討すべき課題がいくつか存在する。

1.　標準化・適応化問題

　小売企業が国際展開する場合，母国・地域とは異なる進出先国・地域におけ

る外部環境への「適応」が重要であるとの議論がある。これは小売企業だけでなく日本製造業（メーカー）においても，常に変化する市場環境への自社製品や自社システム等の「標準化・適応化」で取り上げられる点である。

　小売分野における研究成果として，Salmon = Tordjman（1989）は，標準化を基本とするグローバル戦略，適応化を基本とするマルチナショナル戦略を採用する小売企業の国際化行動の類型化を試みている。また，Alexander = Myers（2000）は，「①市場の地理的拡張」と「②企業パースペクティブ」（企業の統制メカニズムや市場感応性，企業価値等を含む概念）の 2 次元でグローバル小売企業の類型化を試みた。

　何を標準化・適応化するかという点について，小売企業の利益を上げる仕組みの変化を適応化とする見解（川端 2000）や，標準化と適応化の併存を主張する見解（白石・鳥羽 2003），環境変化（時間経過）による 2 つの標準モデルの提示（白 2003）がある一方で，標準化と適応化は対立概念ではなく，標準化のなかに適応化があり，適応化の果てに標準化がある（矢作 2007）との分析[6]も存在する。

　この議論は，従来から存在する製造業を基本とした国際化理論を小売業にそのまま援用できないという点から始まり，小売国際化における小売企業が直面する小売営業形態（小売業態）の選択やオペレーション方法の問題へと発展していることから，今後も検討の余地は大きい（柳 2017, p.78）。

2.　ネット通販による国際化

　小売国際化プロセスにおいて，無店舗販売である「インターネット通信販売」は，今後さらに拡大するであろう。

　経済産業省商務情報政策局情報経済課（2019）によれば，2018 年における世界の「企業と消費者間における電子商取引（**B to C EC**）」の市場規模は，2.84 兆米ドルである[7]。また日本国内だけのデータにおいて，同年における B to C EC の市場規模は 17 兆 9,845 億円であり，その分野別内訳では物販系分野が 9 兆 2,992 億円（51.7%），サービス系分野が 6 兆 6,471 億円（37.0%），デ

ジタル系分野が2兆382億円（11.3%）となっており，最近では物販系分野やデジタル系分野よりもサービス系分野が伸びている[8]。

インターネット通販を手がける国際企業として，アメリカのアマゾン，eBay を筆頭に，中国のアリババ，京東，日本では楽天の各社が売り上げを伸ばしてきており，今後とも，通信速度の高速化・ワイヤレス化，通信サービス料金の低価格化等を含む情報インフラの整備にともない，さらに拡大することが見込まれる。

しかし，現段階の小売国際化に関する議論では，少なくとも B to C EC は軽視されている。その理由は，これまでの小売国際化に係る議論の中心が有店舗販売，とりわけ百貨店，スーパーマーケット，コンビニエンス・ストア，専門店などにあり，無店舗販売はその営業形態上の特性から議論の対象とされなかったためであり，さらには，インターネットを介したネット店舗（バーチャル店舗）は，有店舗（リアル店舗）と比べて，その販売額がいまだ低いレベルにとどまっている（柳 2017, p.79）からである。

もう1点は，B to C EC が小売業主導ではなく，どちらかと言えば情報サービス業による国際市場の拡大として捉えられている点である。阿部（2016）も指摘しているように，バーチャル空間の拡大への貢献による他の産業に与えるインパクトも軽視できないレベルになってきており，情報サービス業は単なる媒介者とは言えないとの指摘もある。したがって，小売国際化に関する議論をする際は，「情報サービス業を介さない直接的なネット店舗との取引」（日本ではアマゾン・ジャパンのモデル）と「情報サービス業を媒介としたネット店舗との取引」（日本では楽天や Yahoo! モデル）との差異を認識しながら，小売国際化の議論を行う必要がある。

ともあれ，**情報技術（IT）**や**情報通信技術（ICT）**の高度化によってネット通販の国際展開が行われている。小売国際化では国境を意識した有店舗を展開する小売企業活動が前提とされているが，ネット通販を行う国際小売企業の台頭は，まさに国境を意識する必要がない点で「ボーダーレス小売企業」の出現を意味している。論点としては，現実的に国際小売市場や国際小売組織の概念

すら不要なのかも知れない。

3．大規模化と効率化の二律背反のクリア

　最後に，前述の標準化・適応化問題とも関係することであるが，国際展開する小売企業にとっての経営安定化の方策に「大規模化」と「効率化」が挙げられる。

　第 1 に，大規模化の具体的な方法として，①1 店舗当りの売場面積の拡大，②品揃えの拡大の 2 方向が考えられてきた。前者は単純に水平方向に売り場を拡充するのか，それとも垂直方向に複数階の売場を設けるのかである。後者は単純には商品の品揃えのラインの幅と奥行きをそれぞれ増加させることである。また，カテゴリーの拡張による品揃えの拡大という方法もある。

　ここで，小売営業形態（小売業態）によって異なるが，専門店のみならず総合小売業においても，国内外を視野に入れた大規模化の方法としてのチェーン店化は最もポピュラーな方法である。

　第 2 に，効率化は小売企業にとっては，仕入活動（調達業務）を起点としたさまざまなコスト削減により当該国・地域で実現されてきた。たとえば，①仕入れ先の選定やメーカーとの直取引の増大による集中化，②**POS**（**販売時点情報管理**）システムの導入等の機械化，ならびに商品（在庫）情報の収集から自動発注等までのオートメーション化である。

　これまで，国際展開している大規模小売企業のほとんどは，上記の大規模化と効率化のどちらかを達成することで発展を遂げてきた。しかし，これからの小売国際化を視野に入れた場合，国際展開する小売企業にとっては，高度なレベルでの大規模化と効率化の両者の同時達成が求められている。

注
1)　国際商品流通を担うだけでなく，現地における従業員の雇用や環境問題への配慮，地域活動等の取り組みを行ってきている。
2)　なお，小売市場の国際化は小売企業の国際化の絶対条件であるが，小売企業の国際化は小売市場の国際化の絶対条件ではない。
3)　ここでは，政府の規制，物流基盤，製造業の発達度，中間業者の発達度，人口規模

やその構成，所得，消費者選好などの市場特性がフィルターの役割を果たし，小売企業が母市場と異なる進出先国市場で展開する際に，考慮しなければならない点を明らかにしている（川端 1999，pp.237-239）。

4) 国際化における学習プロセスを解明するアプローチとして，①本社・海外子会社間の関係，②海外子会社同士の関係の両方を分析する必要性を説いている（矢作 2007，pp.40-41）。

5) 国内市場との関係で，前者は国内市場の成熟化に関係なく積極的に海外市場へ進出することによる国際化であり，後者は国内市場の成熟化により消極的に海外市場へ展開することでもたらされる国際化である（Alexander 1997）。

6) とりわけ，矢作（2007）は，小売国際化プロセスを，①完全なる標準化，②標準化のなかの部分適応，③創造的連続適応，④新規業態開発の４つのタイプに整理している。

7) 経済産業省商務情報政策局情報経済課（2019），p.96

8) 経済産業省商務情報政策局情報経済課（2019），p.31

(参考文献)

1) 青木 均（2000）「小売業国際化の研究領域」『商学研究』（愛知学院大学）第 43 巻第 1 号

2) 伊丹 敬之（1984）『新・経営戦略の論理』日本経済新聞社

3) 川端 基夫（1999）『アジア市場幻想論』新評論

4) 川端 基夫（2000）『小売業の海外進出と戦略』新評論

5) 金 亨洙（2008）『小売企業のグローバル戦略と移転』文眞堂

6) 経済産業省商務情報政策局情報経済課（2019）『平成 31 年度我が国におけるデータ駆動型社会に係る基盤整備（電子商取引に関する市場調査）』(https://www.meti.go.jp/press/2019/05/20190516002/20190516002-1.pdf)

7) 白石 善章・鳥羽 達郎（2003）「小売企業の総合型業態による海外戦略」『流通科学大学論集－流通・経営編－』第 16 巻第 1 号

8) 白 貞壬（2003）「グローバル・リテイラーの現地適応化過程とその段階的解明」『流通研究』（日本商業学会）第 6 巻第 2 号

9) 向山 雅夫（1996）『ピュア・グローバルへの着地』千倉書房

10) 向山 雅夫（2009）「小売国際化の進展と新たな分析視角」向山 雅夫・崔 相鐵編『小売企業の国際展開』中央経済社

11) 柳 純（2017）「小売国際化の論点と検討課題」岩永 忠康監修『アジアと欧米の小売商業』五絃舎

12) 矢作 敏行（2001）「アジアにおけるグローバル小売競争の展開」ロス・デービス・矢作 敏行編，外川 洋子監訳『アジア発グローバル小売競争』日本経済新聞社

13) 矢作 敏行（2007）『小売国際化プロセス』有斐閣

14) 吉原 英樹（1984）『中堅企業の海外進出』東洋経済新報社

15) 吉原 英樹（1993）「海外子会社の活性化と企業家精神」伊丹 敬之・加護野 忠男・

伊藤 元重編『リーディングス日本の企業システム2 組織と戦略』有斐閣

16) Alexander,N.（1990）"Retailers and International Markets: Motives for Expansion", *International Marketing Review*,Vol.5, No.4

17) Alexander, N.（1997）*International Retailing*,Blackwell

18) Alexander, N. and H.Myers（2000）"The Retail Internationalization Process", *International Marketing Review*,Vol.17,No.4/5,pp.334-353

19) Ansoff,I.H.（1965）*Coporate Strategy : an analytic approach to business policy for growth and expansion*,McGraw-Hill（広田 寿亮訳（1981）『企業戦略論』産業能率大学出版部）

20) Barney,J.B.（1986）"Strategic Factor Market: Expectation, Luck, and Business Strategy", *Management Science*,Vol.32,No.10,pp.1231-1241

21) Barney,J.B.（2002）*Gaining and Sustaining Competitive Advantage, Second Edition*, Prentice Hall（岡田 正大訳（2003）『企業戦略論―競争優位の構築と持続―【上】基本編』ダイヤモンド社）

22) Dawson,J.A.（1994）"Internationalization of Retailing Operations",*Journal of Marketing Management*, Vol. 10, No.4, pp.267-282

23) Dierickx,I.and K.Cool（1989）"Asset Stock Accumulation and Sustainability of Competitive Advantage", *Management Science,* Vol.35, No.12, pp.1504-1511

24) Deloitte Touche Tohmatsu Limited.（2019）, *Global Powers of Retailing 2019*（https://www2.deloitte.com/content/dam/Deloitte/global/Documents/Consumer-Business/cons-global-powers-retailing-2019.pdf）

25) Evans,J., A.Tredgold and F.T.Mavondo（2000）"Psychic Distance and Performance of International Retailers:A Suggested Theoretical Framework", *International Marketing Review*, Vol.17, No.4/5, pp.373-391

26) Jefferys, J. B.（1954）*Retail Trading in Britain 1850-1950*, Cambridge

27) Kacker,M.(1986), "Coming to Terms with Global Retailing", *International Marketing Review*, Vol.3, No.1, pp.7-20

28) Kacker,M.（1988）"International Flow of Retailing Know-How:Bridging the Technology Gap in Distribution", *Journal of Retailing*, Vol.64, No.1, pp.41-67.

29) McGoldrick,P.J.(1995) "Introduction to International Retailing" ,in McGoldrick,P.J. and G.Davies(ed.), *International Retailing : Trends and Strategies*, Pitman Publishing, pp.1-3

30) Meyer, N.D. and M. E. Boone(1989)*The Information Edge*, Gage Publishing（長谷川 正治・北原 康富訳（1991）『情報優位の企業戦略』TBS ブリタニカ）

31) Oliver, N. and B. Wilkinson（1992）*The Japanization of British Industry : New Developments in the 1990s*, Blackwell Publishers

32) Pellegrini, L.(1994) "Alternatives for Growth and Internationalization in Retailing", *The International Review of Retail, Distribution and Consumer Research*, Vol.4, No.2, pp.121-148

33) Penrose, E. T. (1956) "Foreign Investment and the Growth of the Firm", *The Economic Journal*, Vol.66, No.262, pp.220-235

34) Porter,M.E. (1986) *Competition in Global Industries*, Harvard Business School Press (土岐 坤ほか訳 (1989)『グローバル企業の競争戦略』ダイヤモンド社)

35) Salmon, W. J. and A. Tordjman (1989) "The Internationalization of Retailing" , *International Journal of Retailing*, Vol.4, No.2, pp.3-16

36) Treadgold,A.D. (1988) "Retailing Without Frontiers:The Emergence of Transnational Retailers", *International Journal of Retail and Distribution Management*,Vol.16.No.6,pp.8-12

37) Treadgold,A.D.and R.Davies (1988) *The Internationalization of Retailing*, Longman

38) Vida,I. and A.Fairhurst (1998) "International Expansion of Retail Firms : A Theoretical Approach for Future Investigations", *Journal of Retailing and Consumer Services*, Vol.5, No.3, pp.143-151

39) Wernerfelt, B. (1984) "A Resource-Based View of the Firm", *Strategic Management Journal*, Vol.5, No.2, pp.171-180

40) Williams, D.E. (1992) "Motives for Retailer Internationalization : Their Impact,Structure and Implications", *Journal of Marketing Management*, Vol.8, No.3, pp.269-285

第7章

激変する流通・商業関係

本章の構成

本章のポイント

本章のポイントと概要は以下のとおりである。

小売業は，われわれの生活にとってなくてはならない存在である。近年のネット通販業の台頭により，リアル店舗における商品購入の位置づけは変化しつつあるが，小売業はこれからも必要とされるであろう。そこで本章では，今日，多様化している流通・商業について理解を深めると同時に，小売営業形態（小売業態）における小売競争に力点を置きながら学習する。

○第1節では，現代の流通の仕組みや機能を再認識すると同時に，「小売」の性質や位置づけについて理解を深める。

○第2節では，小売業にはどのような分類方法があるのかを精査する。つまり，具体的な小売業の分類について学ぶ。

○第3節では，百貨店，スーパーマーケット，コンビニエンス・ストアとその他の業態に分けて，今日の各小売業態内における競争関係を概観する。

○第4節では，伝統的な製販関係および新たな製販関係を確認しながら，今後の小売流通の方向性を考える。

第 1 節　現代流通と小売の特徴

　現代における流通は，生産が流通や消費を規定するだけでなく，逆に流通が生産や消費を規定するケースも見られ，過去と比べて単純ではなくなってきている。端的に流通とは，非常に複雑化した社会・経済構造のもとで分業化された組織行動原理にもとづく，多様化した商品[1]の生産を起点とした末端の消費に至るまでの過程（プロセス）ということになるであろう。

　現代流通の本質を捉え，その背後にある経済現象から具体的な流通に関わる活動を的確に理解しながら事象の抽象化（概念化）を試み，なおかつ，そこから生じているさまざまな問題点や課題を見いだし解明していくことは容易ではない。とりわけ，本章では劇的に変化している現代の流通・商業関係のなかでも「**小売競争**」に着目する。現代の流通に関する主な傾向をピックアップすると，以下の通りになる。

　まず第 1 に，大規模メーカーによる生産体制をベースとした商品流通が行われているが，今日，商品の生産はデフレ経済下にあって**多品種少量生産**へとシフトしつつある。すなわち，これまでの少品種大量生産体制を基本とした寡占メーカーによるマーケティングからの脱却が各カテゴリーで展開されており，そのことによって商品流通，とりわけ末端の小売流通に影響を及ぼすようになっている。

　第 2 に，大規模小売企業によるグループ化が顕著となっている一方で，専門店を中心とした中堅小売企業の活動が活発化している。たとえば，前者は売上高上位のイオン，セブン＆アイ・ホールディングスの二大小売グループが販売力を活かし集客を増加させている点である。2019 年 1 月現在における二大小売グループの売上高合計額は 14 兆円を超えている[2]。また，百貨店の再編プロセスとして，競争関係が個々の企業間競争というよりは百貨店グループ間競争へとシフトしている。そして，後者の専門店では家電，衣料，家具，ドラッグなどの分野で顕著な伸びを示す小売企業が目立つようになってきている

点である。とりわけ，ここ数年間ではドラッグストアの成長が目覚ましく，企業統合ないし資本提携をともなうケースも見られる。

　第 3 に，インターネットを介した商品（物販）・サービス・デジタルコンテンツの販売に係る流通・商業の変革である。これは，**情報技術**（以下 IT と略称）や**情報通信技術**（以下 ICT と略称）の進展にともない，情報通信業による生産と消費の媒介作用がより増幅されることを意味している。インターネットを通じて販売されるものは商品（物販）だけではなく，サービス（ホテル，飲食店，チケット等の予約）に加えて，音楽や動画，アプリケーション等の著作物である**デジタルコンテンツ**に分類される。経済産業省商務情報政策局情報経済課（2019）によれば，「企業と消費者間の電子商取引」（通称 **B to C EC**）の市場規模は，年々増加しており，2018 年における市場規模額は約 18 兆円となっている。

　現在，これまでにも購入されてきた著作物，たとえば雑誌や新聞，楽曲などの知的財産はデジタル化が進み，自宅にいながらでも購入することができる時代となった。小売店舗における販売が前提とされていた商品流通が，まさにリアル店舗だけでなくネット店舗でも可能となったことで，われわれの消費行動に影響を及ぼしつつある。

第 2 節　現代小売業の分類方法

1.　業種別の分類と営業形態別の分類

　われわれが購入する商品は，個人差はあるものの**購買慣習**にもとづき，①**最寄品**，②**買回品**，③**専門品**に分類される。最寄品は，近所で購入できる比較的安価で購入にあたって最少の時間と努力で入手でき，生活する上で必要なものであり（金子・中西・西村編 1998, p.356），石鹸やトイレットペーパー類や多くの飲食料品等の日用生活品が該当する。買回品は，最寄品よりも比較購買され，他店舗との比較により選好される商品群である。選択と購入過程において適応性，品質・価格，スタイル等を比較・検討する商品であり，婦人服，紳士服，家具などが該当する（久保村・荒川監修 1995, p.38）。専門品は，消費者が特定のブランド（商標）

に価格以外の点で特別な魅力を感じたり，購入するために努力をしたりする商品群であり，高級時計，自動車等が該当する（久保村・荒川監修 1995，p.192）。

商品を購入するシーンを思い浮かべてみると，われわれは小売店舗を選好する前に，買いたい商品を漠然的にあるいは具体的に思い浮かべることも多いだろう。そして，同時にその商品を購入できる商店，つまり「〜屋」や「〜店」というように，その商品を販売している店舗をイメージする。この店舗イメージは，小売の立場から分類すれば，伝統的に小売業者が取り扱う商品の物理的属性にもとづいて分類される「**業種別分類**」になる。経済産業省が行っている「商業統計」に倣えば，「織物・衣服・身の回り品小売業」や「飲食料品小売業」などである。これらの分類は，総務省が公表している「**日本標準産業分類**」で確認することができる。

なお，上述の例は業種別分類の中分類になるが，さらに小分類，細分類に分けることができる。

業種別分類以外にも小売店舗を分類するための判断基準がある。業種別分類では，当該小売業者の取扱商品ならびに品揃え物で何を販売する店舗なのかを把握することができる。しかし，われわれは従来からの単純なカテゴリー別の商品購入スタイルでのみ店舗選択をしてきたわけではない。今日，店舗選択の重要な要素になっているのが，何をどのような店舗でどのように購入するかである。そこで，小売店舗における営業スタイル，商品販売の仕方や方法等に着目した店舗分類の１つに「**営業形態別分類**」がある。営業形態は店舗形態のことであり，いわゆる「**業態**[3]」とも呼ばれ，大きくは店舗販売と無店舗販売に区分される。

さらに店舗販売には，従来からの一般小売店，百貨店，スーパーマーケット，コンビニエンス・ストア，専門店，ディスカウント・ストアなどがあり，無店舗販売には訪問販売，通信販売，自動販売機における販売などがある。

2. 経営形態および企業形態別の分類

小売業の経営スタイル，すなわち小売経営形態に関しては，①店舗展開の有

無，②店舗の組織化の有無によって，以下のように分けることができる。まず，店舗展開の状況によって単独店舗経営と複数店舗経営に分類できる。複数店舗は，チェーンストア方式（同一資本の**レギュラー・チェーン（RC）**方式），あるいは本・支店方式の多店舗の小売経営ということになる。

　次に店舗の組織化では，独立経営と組織化経営に分類できる。その際，後者では資本関係に無い組織間で仕入や配送等を共同で行うなどの**ボランタリー・チェーン（VC）**方式[4]，本部と加盟店から構成される**フランチャイズ・チェーン（FC）**方式に分けることができる。

　さらに，企業形態別では個人組織，会社組織，協同組合組織，公企業組織など，出資方式や目的などによって分類される（関根 1991, p.63）。

3.　小売流通の規定要因

　現代の商品流通は多様な販売形態から成り立っており，とりわけ，代表的な消費財に目を向ければ，衣料品，生鮮・加工を含む食料品，家庭生活用品等の商品流通の態様は，主に商品の「物理的属性」や「生産工程」等によって規定される。

　たとえば，衣料品の販売は生産された生糸の染色から生地生産，加工，仕立てなどを経て完成品となるまでに何段階かの工程があり，完成品は問屋を経由したり，代理店を経由したりして小売店舗に販売される。個別商品で見れば，ファーストリテイリングのユニクロのような**製造小売業**（Speciality store retailer of Private label Apparel：**SPA**）と呼ばれる衣料専門店においては，商品が生産工場から直接小売店舗に並ぶケースもある。

　また，生鮮食品として魚介類の販売では，漁業者から**直売所**にて販売されるケースもあるが，卸売市場における**セリ**ならびに**相対取引**を通じて魚屋やスーパーマーケットに入荷されたりする。

　このように，各消費財分野における個別商品流通の態様は非常に多岐にわたっており，商品流通の大部分は，メーカーを起点とし卸売市場ないし卸売業を経て小売業を終点として完結する。換言すれば，商品流通を商品の品揃え部

分から見た場合，最寄品，買回品，専門品の違いはあれ，われわれは衣・食・住関連商品の購入を主として末端部分の小売店舗で行っている。

　一方で，近年増加傾向にあるのが，小売店舗での店頭に依らない商品購入，すなわち，無店舗における商品購入である。主な無店舗販売として訪問販売および通信販売を挙げることができるが，今日の通信販売は従来からのカタログ通販，TV通販に加えて，インターネット通販とその手段は多様化してきている。経済産業省（2019）の「商業動態統計調査月報」の業種別商業販売データによれば，2019年における「無店舗小売業」の販売額は，約7兆7,020億円となっている。これは2019年の小売全体の販売額約145兆470億円の約5.3％に該当する[5]。

　なお，ここでは同省が毎年実施している「電子商取引に関する市場調査」から具体的な品目を挙げる。電子商取引のなかでも「企業と消費者間における電子商取引」をB to C ECと呼び，①物販系，②サービス系，③デジタル系のうちで，物販系のデータのみを示すことにする（図7-1）。

図7-1　B to C ECの「物販系」カテゴリー別構成比（2018年）

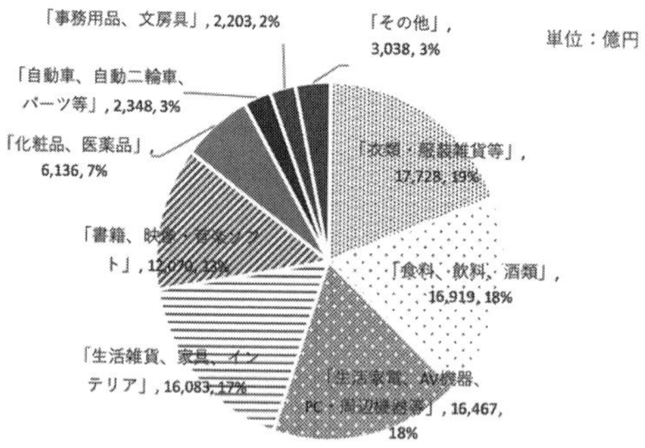

出所：経済産業省商務情報政策局情報経済課（2019），p.50

　2018年における物販系の電子商取引の市場規模は，9兆2,992億円であり，物販系の上位の5カテゴリーは市場規模順位に「衣類・服装雑貨等（19％）」，「食

料，飲料，酒類（18%）」，「生活家電，AV 機器，PC・周辺機器等（18%）」，「生活雑貨，家具，インテリア（17%）」，「書籍，映像・音楽ソフト（13%）」となっている（経済産業省商務情報政策局情報経済課 2019，p.49）。

　物販系の電子商取引では，リアル店舗でも購入できる商品が多いものの，なかにはネット限定販売の商品も含まれている。最近では，価格 com 等のネット店舗における販売商品の「比較サイト」も存在しており，サイト上では既存購入者からの評価を可視化（具体的な数値や星印の数等）することで，新たな購入者の商品購入判断の助けとなっている。インターネットを介した通信販売は，物販系に限らず，今後も成長していくであろう。

　しかし，われわれの商品購入の大部分は，店頭で行われており，メーカーを起点とした生産体制に依存している。そこで以下では，ここ近年の各業態別の小売業に関する動きやそれらを取り巻く状況のポイントについて言及する。

第 3 節　業態内における競争関係

1.　百貨店のグループ化と新たな展開

　百貨店は，衣・食・住関連の多種多様な商品を「**対面販売方式**」で提供する大規模小売店舗のことであるが，主に老舗呉服店[6]と電鉄資本から発展したものが主流である。百貨店は誕生以来，①総合的に商品を品揃えし，②定価販売を行い，③豪華な店構えと高級イメージをともなう小売業の代表格として成長を続けてきた[7]。

　百貨店は他業態と比べて生成時期も早く，立地面や品揃え等の魅力度等に関しても優位性を発揮してきたが，1970 年代では大型スーパーの成長，1980年代には外資系小売や専門店の台頭によって成長率が鈍化してきた。また，1991 年のバブル経済崩壊以降，デフレ経済下の消費のなかで若年者を中心とした購買力は低下しており，百貨店業界の売上高は年々減少傾向にある。これまでには，店舗の閉鎖や海外からの撤退，厳しいリストラも実施してきている。その上に追い打ちをかけたのが，2000 年の大手百貨店そごうの民事再生法申

請であり，百貨店業界の行き詰まりを象徴している出来事であった。

　大都市部，とりわけ東京では 1990 年代後半から再開発が進んだ JR 新宿南口を中心に，「百貨店戦争」が勃発し，アミューズメント施設の併設や，婦人衣料の品揃え強化に力点を置いた大手百貨店同士の競争が激化した時期もある。それによって池袋や銀座など周辺地域からの顧客を呼び込み，一時期に百貨店の集客を増す結果となっている。大阪でも同様に梅田に集中した百貨店の立地・再開発によって，百貨店の新たな局面が生じている。

　前述したように，全国の百貨店の売上高は年々減少傾向にある。コンビニエンス・ストア全店の売上高と比較しても，百貨店全体の売上高が下回っている点はデータが示す通りである[8]。なお，2007 〜 09 年にかけて主要百貨店のグループ化が顕在化し，百貨店業界の再編が行われている（表7-1）。現在のところ，大手百貨店同士のグループ化の加速は落ち着いているものの，百貨店の置かれた厳しい状況に変わりはない。

表7-1　百貨店のグループ化と売上高の変化

設立時期	グループ名	主要百貨店名	百貨店の店舗数	売上高	
				2012 年	2018 年
2007 年 9 月	J. フロントリテイリング	大丸 松坂屋	16 店舗	9,414 億円	1 兆 1,251 億円
2007 年 10 月	H2O リテイリング	阪急 阪神	16 店舗	5,055 億円	9,268 億円
2008 年 4 月	三越伊勢丹 HD	伊勢丹 三越	22 店舗	1 兆 2,399 億円	1 兆 1,968 億円
2009 年 9 月	そごう・西武	西武 そごう	15 店舗	8,179 億円	6,043 億円

　注：店舗数は各社 IR 情報に基づき，2019 年 10 月現在で表示。なお，J. フロントリテイリングの売上高は総額売上高（参考値）である
　出所：柳（2013），p.14 に，東洋経済新報社編（2019），p.228 の各社売上高データ（2018 年）を加えて筆者作成

　このところ各社においては，戦略的にも異なる動きを示している。積極的に不振店舗の閉鎖を進めているのが三越伊勢丹 HD やそごう・西武である。前者は伊勢丹相模原店や伊勢丹府中店を 2019 年 9 月に閉店し，後者は西武船橋店を 2018 年 2 月に閉店するなど収益力向上に取り組んでいる。また，J. フロ

ントリテイリングでは，2017 年 4 月の「GINZA SIX（ギンザシックス）」の開業やパルコ事業の強化など百貨店業態以外の業態にも注力している。

　一方で，単独展開している髙島屋は，百貨店を核店舗とした専門店の集合体の新たな都市型ショッピングセンターである日本橋髙島屋 S.C. を，2018 年 9 月に開業することで集客力の増強をはかっている。

2.　堅調な GMS と地方スーパーの成長

　スーパーマーケットは日本独特の呼称であり，大きく 2 つに分類することができる。1 つ目は衣料品・食品・住関連商品をフルラインで扱い，売場面積が 3,000 ㎡超の大型の店舗を構える**総合スーパー**（General Merchandise Store：**GMS**）である。そしてもう 1 つは，衣料品，食料品，住関連それぞれの**専門スーパー**（**SM**）になる [9]。

　日本チェーンストア協会によれば，2019 年における全国スーパーの総販売額は，12 兆 4,324 億円であり，販売額の構成比は食料品（66.1%），住関連品（20.2%），衣料品（7.1%），サービス（0.2%），その他（6.4%）となっている [10]。

　日本における本格的なスーパー（総合食料品店）は，1956 年に北九州に開業した「丸和フードセンター」であるが [11]，1980 年代以降の出店規制緩和によるオーバーストア状態にともない，大手各社は，総合スーパーを中核として，①食品スーパー，②コンビニエンス・ストア，③専門店を展開する小売り集団を形成しながら拡大してきた。

　しかし，1990 年代の平成不況以降のスーパー業界は，コア（中核）ビジネスへの経営資源の集中や出店過剰で債務を抱える企業もあり，経営再建中の大手スーパーでは，優良子会社の株式を次々に手放した [12]。さらに，競争関係を複雑化させた大手外資系流通業（**流通外資**）の日本市場参入が相次いだ時期 [13] もあり，今日のデフレ状況にもかかわらず売り上げは思うように伸びていない。

　2000 年代に入り，イオンとセブン＆アイ・ホールディングスの二大勢力の構図が明確化しており，その主力総合スーパーであるイオンリテイルとイトーヨーカ堂は，それぞれの独自企画商品である **PB**（**Private Brand**）の「トップ

バリュ」や「セブンプレミアム」を積極的に打ち出して販売している[14]。別の大手スーパーでは，主に愛知県に展開する GMS のアピタやピアゴの運営を行っているユニーグループホールディングスと，ファミリーマートが 2016 年 9 月に経営統合し，ユニー・ファミリーマートホールディングスが誕生した。これにより，大手スーパーの再編も進みつつある。

他方で，地方スーパーの成長をうかがうことができる。たとえば，平和堂（滋賀県湖南市），イズミ（広島県広島市），ハローデイ（福岡県北九州市）などは，地方都市に本社を置きながら成長を遂げているスーパーである。食品スーパーのハローデイは全国各地から視察者が訪れるほど，現代スーパーのビジネスモデルの成功例となっている。

3. 飽和化するコンビニエンス・ストア

コンビニエンス・ストア[15]は，年中無休・長時間（殆どは 24 時間）の営業を行い，小さなスペースで 2,000 〜 3,000 ほどのアイテムを取り扱う小売店である。地方では独自展開する店舗もある一方で，大手資本によるフランチャイズ・チェーン（FC）店舗が全国的に展開されている。

日本にコンビニエンス・ストアが誕生した当初，まだその定義が存在しなかったため，運営方式や店舗作り，また営業形態の違いから日本で最初のコンビニエンス・ストアは複数あると言われている。たとえば，マイショップ豊中店（所在地：大阪府豊中市）やセブン - イレブン 1 号店（所在地：東京都江東区）である[16]。いずれにしても，問屋による小売チェーン化が端緒であり，その後大手スーパーがその経営に乗り出した経緯がある。

コンビニエンス・ストアの成長は 1980 年代以降に本格化するが，多店舗展開がきわめて短時間で達成された一方で，1990 年代後半に入り各社の店舗数の増加は鈍化し，既存店舗の売上げ低迷の局面を迎えた。2001 年にはチェーン全体の売上高でセブン - イレブンが，当時の小売業第 1 位であったダイエーを抜き去り，2000 年代以降も継続して出店増加が見られる。

日本フランチャイズチェーン協会によれば，加盟 11 社の 2009 年 12 月末に

おける店舗数が 4 万 2,629 店舗であったところ, 10 年後の 2019 年 12 月末現在の加盟 7 社では 5 万 5,620 店舗, また売上高も 7 兆 9,043 億円 (2009 年 12 月末現在) から 11 兆 1,608 億円 (2019 年 12 月末現在) へと増加している [17]。このように, 近年店舗数は飽和化しつつあると言われながらも, コンビニエンス・ストアは数値的には店舗数 (加盟店数) も売上高も伸びている状況であるが, セブン-イレブン, ファミリーマート, ローソンの 3 社による寡占構造は, よりいっそう鮮明化している。

　また, コンビニエンス・ストア業態内における寡占化は, さまざまな点でコンビニ事業に係る問題を露呈している。たとえば, 2019 年に顕在化した「24 時間営業問題」は, 店舗拡大とともに加盟店における, ①高ロイヤルティ負担, ②従業員不足を浮き彫りにしている。つまり, 本部と加盟店で成立しているフランチャイズビジネスの難しさを改めて認識することとなっている。

　しかし, コンビニエンス・ストアの将来性がない訳ではない。その理由の 1 つに, 他業態に先行して「**小売サービス** [18]」の提供を積極的かつ迅速に行っている点が挙げられる。たとえば, 早い段階から情報端末の設置や, 大手各社では当たり前となった銀行 ATM の設置などは, 他業態に対しても競争優位となっていた (柳 2007, p.69) と考えられる。さらには, 地域住民のニーズに応じた生鮮野菜や惣菜を重点的に品揃えしたり, 100 円均一型の販売をコンセプトにしたりする店舗も出現している。

　海外展開も積極的に行われている。とりわけ, 1988 年に大手で初めて海外出店したファミリーマート (台北) は現地化に成功している。また, ローソン (1996 年に上海に出店) を筆頭に, 2004 年にはセブン - イレブン (北京) とファミリーマート (上海), 2009 年にはミニストップ (青島) が中国に出店し, 店舗数を増加させている。今後の海外展開では, すでに東アジア市場から東南アジア市場へのシフトが見られ, さらなる店舗数の拡大が期待されている。

4. その他の業態展開

　ディスカウント・ストア, カテゴリー・キラーやアウトレット・ストアなど

の台頭は，低価格志向の消費者重視の時代を象徴するとともに，ますます小売店舗間の競争を促進させている。たとえば，**カテゴリー・キラー**ではトイザらスのような玩具専門の低価格訴求で相当数の品揃えを誇る大型量販店や，今や家電分野でのトップを独走するヤマダ電機のような家電量販店を挙げることができる。また，**アウトレット・ストア**は近年，ショッピング・モール化が進んでおり，1990年代より全国各地に展開され始めた過剰在庫品を低価格で販売する店舗である。

　上述の各業態を1つにまとめて取り扱うことは困難であるが，敢えて共通点を挙げるとすれば，そのキーワードの1つに「低価格」がある。今日のデフレ経済下においては情報化の進展とともに商品調達コストの低下，物流面の簡素化，ひいては商品価格の低下の実現が集客に直結している。2つ目は，他業態にない「買い物の魅力」であろう。買い物の魅力には，個々人の買い物行動に何らかの刺激を与える要素が不可欠であり，たとえば，それらは他業態で取り扱っていない商品の品揃え，他業態とは異なる価格設定，また他業態とは異なる店舗演出であったりする。

第4節　製販関係とこれからの小売流通

　最後に本節では，製造業と販売業者との関係，つまり「**製販関係**」を，改めて確認しておきたい。

1．伝統的製販関係

　現代の商品流通における製販関係を的確に捉え，そして商品流通の本質を理解するためには，時間軸をともなった対象者の質的・量的な行動原理を史的に把握する必要があろう（柳 2013, p.17）。換言すれば，現代の日々変化する流通分野における競争構造や実際の流通行動を正確に捉えるには，時間・空間的側面を考慮した分析が必要となってくる。

　わが国における流通構造は，小売業の小規模零細性や過多性，生業性，卸売

業の多段階性などの特徴を有している。とりわけ，現代の小売構造は，従来から長時間をかけて形成されてきており，政府による流通政策や流通関連法規の制定にもとづいて，戦後期を経て高度経済成長期以降，寡占メーカーの主導による流通チャネルの形成がなされてきた。

　そもそも戦前から，大規模メーカーが存在しない時期に，消費財部門における商品別の流通経路では，卸売業（問屋，卸売商）主導型の流通システムが伝統的に確立していた。その後，戦後の高度経済成長期を経て急速な大衆消費社会に対応すべく，大規模メーカーの主導する流通経路政策のもとで，流通組織はメーカーの系列傘下に組み込まれてきた経緯がある。すなわち，大量生産体制に見合うだけの大量流通体制が確立されていなかった時期に，大規模メーカーが自社独自の販売組織を傘下にしながら流通経路を確立してきた。いわゆる**マーケティング・チャネル**の構築である。

　そのような伝統的製販関係は，自動車，家電，化粧品，医薬品などの消費財分野においては，以前より強固ではないもののメーカーの流通支配として形成されており，一般的には**流通系列化**[19] と呼ばれている。

　さらに，消費財分野における寡占メーカーは，自社の生産部門を急速に発展させていくなかで，既存の流通組織を活用しつつ，流通部門の立ち遅れた部分にテコ入れを行いながら資金的・人的介入を進めてきた。販売量や再販売価格の維持を実現するための手段として，メーカーが自社の独立した経路を確立することによって，流通業者に高いマージンや高い**リベート**を保証する必要が生じ，その結果，商品に関しても必然的に高価格傾向が生じた。

　かつて多くの百貨店とアパレル卸売企業との間の「返品条件付き契約」，いわゆる**返品制**においては，正当な返品と不当な返品[20] が議論されたこともあるが，それは「取引条件」というよりも，一種の「規範」や「ルール」のようなもので商慣行として定着してきた（江尻 1979, pp.17-18）[21]。

　一方で，個別の商品販売においては，市場での価格競争に陥る可能性を回避することが，逆に価格競争に拍車を掛け，同一商品をディスカウント販売する系列外の流通経路も発展してきた。

2. 新たな製販関係

　今日，寡占メーカーによる流通支配の構図は，以下の面で大きく変化しよう
としている。

　まず第1に，小売業態内ならびに小売業態間における**価格競争**が激化してい
ることが挙げられる。1990年代の「価格破壊」と呼ばれる現象を経て，小売
業者間における価格競争は，貿易面や金融・為替面において農産物の自由化，
内外価格差の縮小などを目的とした政府の規制緩和を背景に，以前は低価格の
輸入品の流入，ディスカウント・ストアや大型量販店の台頭などにより生じる
傾向にあった。

　しかし，現在では，上述した点に加えて，①**自由貿易協定**（Free Trade
Agreement：**FTA**）による商品取引の拡大，②食品流通の見直しを背景とした
制度的変化，③二大流通グループの進展によるグローバル調達やPB商品の強
化など，さまざまな複合的要因から低価格化競争が生じている。小売業者の
メーカーへの発言力や交渉力の増大にともない，これまでの支配的であった寡
占メーカーと小売業者との関係性が崩れつつある。

　第2に，バブル経済の崩壊後しばらくしてから，大規模メーカーと大手流
通業者との間で，**戦略的提携**や**製販同盟**といった協調行動が見られるように
なっている。その取り組みは，流通コストの削減や在庫の圧縮，商品開発，環
境問題への取り組みなど目的は多岐にわたる。

　近年では，夏期シーズンにおけるクールビズファッション衣料分野におい
て，消費者の嗜好を積極的に取り込んだ商品の生産・販売企画を共同で立ち上
げた東レと三陽商会，ワールド，AOKI等のメーカー・卸・小売の複数社間に
おける画期的な取り組みがある[22]。また，花王とイオンでは，鉄道コンテナ
の共同輸送を東京-福岡間の往復で開始している。往路では花王川崎工場から
の花王の洗剤等が対象で，復路は福岡工場からイオンのPB商品であるトップ
バリュの飲料を対象に，積載率向上および荷捌きの効率化とCO_2削減に貢献
する連携[23]を開始している。

　このように，1社ではなかなか達成することができない新商品開発と販売

のコラボレーション，自社の商品流通の効率化とコスト削減を目指した連携が，製販関係における新たな協働として試みられている。すなわち，今日では当該カテゴリーにおける川上から川下に至るまでのサプライチェーンの管理（SCM）が求められるようになっている。それが世界規模レベルになれば，**グローバル SCM** となる。

　第 3 に，インターネットを通じた通信販売（以下ネット通販と略称）は，巨大企業のアマゾン，楽天，ヤフーを代表とする情報通信企業の台頭によって，ここ数年で大きく変貌を遂げている。これらの大企業は**プラットフォーム**を通じたさまざまな事業を展開しており，たとえば「会員事業」や「広告事業」，「電子決済事業」など多岐にわたる事業において収益を上げている。

　変容しているのは，商流としての取引が電子化（電子商取引化）したり，決済方法が電子マネーやクレジットカード等へデジタル化したりしているだけではない。ネット販売されるものは，物販（衣・食・住関連商品）に加えてサービス，デジタルコンテンツと多様化している。

　ネット通販を利用した場合，サービスならびにデジタルコンテンツを除いた物販のほとんどが，物流企業を経由して自宅に届くため，商品価格に送料等が付加される傾向にある。つまり，これまでリアル店舗で購入していた商品を，ネット通販で購入する機会が増加すればするほど，物流費は増加することになる。単純にモノの移動に係る費用だけではなく，商品の梱包に使用される紙代や段ボール代も費用に含まれる。これらの物流費は，情報通信企業やネット上の出店者（企業または個人）が負担する場合もあるが，最終的には消費者が負担する可能性が高い[24]。

　今後，われわれがリアルな個別店舗で購入していた商品の一部をネット通販で購入するようになれば，さらに物流費が増加することは，容易に想像できよう。

3．これからの小売流通

　以上，①大手流通業者の販売力・交渉力の拡大，②メーカーと流通業者による協働の活発化，③ネット通販の台頭の 3 点について取り上げたが，従来の

流通分野における寡占メーカー主導の商品流通とは異なる，新たな商品流通に係る関係構築が模索されている。

これまでの流通・商業関係は，「日本の反競争的商慣行[25]」をある程度受容しながら，大規模メーカー主導の流通体制を維持してきた。しかし，上述してきたように，これまでの伝統的商品流通とは異なる関係が既に構築されており，「**製販統合**」や「製販同盟」は「商業論が想定した社会的分業からの逸脱の典型[26]」との認識が必要であろう。

新しい製販関係は，小売業主導で展開されている場合が多く，卸売業者だけでなく物流業者，情報通信業者等をも巻き込みながら進展していくと考えられる。当然のことながら，消費者に対しても非常に大きなインパクトを及ぼすことになると考えられる。

今後は，小売業の海外市場への展開も含めた小売流通を視野に入れることも必要であろう。たとえば，新興国市場における流通は，現地調達・現地販売をベースとしながらメーカー，卸売業（代理業）とも強い関係構築が求められる。商品調達や物流の自由度はかなり制限される場合も想定される。出店後も現地のインフラ整備の進捗状況により，思うように商品の品揃えができないケースや予期せぬ欠品，納期遅延などは端的な例であろう。その際，どの組織を通じた小売流通が望ましいかの判断を適切に行い，出店および店舗運営・管理（**小売マネジメント**）をしていかなければならないのである。

最後に，ITやICTの基盤整備により，メーカーと消費者との物理的距離が縮まっている。この点は，メーカーが発するあらゆる情報を，流通組織を通じて消費者が入手してきたこれまでの構図とは大きく異なり，商品に関する情報を直接消費者が入手できるようになることを意味する。ITやICTの進展により，初期投資は必要であるものの，「**取引コスト**」は，以前よりも削減されていると言えよう。とりわけ，消費者にとっての具体的な取引コストは，商品・店舗情報を入手する費用（探索コスト），店舗を選択に係る移動費用，商品購入時の費用，商品の補償に係る費用などである。

しかし，小売業者も知り得なかった情報までをも消費者が知れるようになっ

たわけではない。やはり，専門的な商品知識（商品属性や仕様等）や，商品の販売情報（小売店頭価格，売れ筋のトレンド情報）などは，依然としてメーカーに近い立場である小売業者が消費者よりも保有しており，逆に消費者に近い立場の小売業者がメーカーよりも消費者に関する情報を保有しているのである（柳 2013, pp.18-19）。

注

1)　もちろん，ここで指す「商品」とは，販売するために生産された製品のことである。

2)　イオングループ傘下にはイオンリテール，マックスバリュ西日本，イオン九州，ミニストップなどがあり，セブン＆アイ・ホールディングス傘下にはイトーヨーカ堂，そごう・西武，セブン‐イレブン・ジャパンなどがある。なお売上高数値は，日経MJ 編（2019），p.220 にもとづく。

3)　商業統計では，セルフサービス方式の採用の成否，取扱商品の販売比率，売場面積，営業時間等で業態を区分している。

4)　日本では卸売業者が主宰者となり小売を組織化するケース（ボランタリー・チェーン），小売業者同士で本部を設立し小売を組織化するケース（コーペラティブ・チェーン）などがあり，前者よりも後者の方が多いのが実態である。

5)　経済産業省（2019）「商業動態統計調査月報」（https://www.meti.go.jp/statistics/tyo/syoudou/result/excel/201912K-1.xls）を参照。

6)　江戸時代から続く大手の呉服店が，欧米のデパートメントストアに見習って転業したことに始まる。わが国では，1905 年 1 月の新聞紙面で一般的に知らしめられた三越呉服店による「デパートメントストア宣言」により，初の百貨店が誕生したとされる。

7)　分類としては，6 大都市（東京・大阪・名古屋・横浜・京都・神戸）にある百貨店を都市百貨店，その他の都市にあるものを地方百貨店と呼んでいる。

8)　日本百貨店協会公表の全国百貨店の売上高は，約 5 兆 7,547 億円（2019 年），日本フランチャイズチェーン協会公表の CVS 統計年間動向データは，約 11 兆 1,608 億円（2019 年）となっている。日本百貨店協会（https://www.depart.or.jp/store_sale/files/a2933dfa6818c84fd76e1fc5e03b216f1480e6cb.pdf）および日本フランチャイズチェーン協会（https://www.jfa-fc.or.jp/folder/1/img/20200120120244.pdf）を参照。

9)　全国にチェーンストアとして展開する大手総合スーパー（全国スーパー）と地域を絞った地方型スーパー（地域スーパー・地方スーパー）がある。

10)　日本チェーンストア協会公表の 2019 年販売概況データ（会員企業 55 社，10,550 店舗）に基づく（https://www.jcsa.gr.jp/public/data/R01_rekinen.pdf）。

11)　スーパーの歴史は，わが国初のセルフサービス店である「紀ノ国屋」が，1953 年に東京の青山に第 1 号店を出店したことから始まる。

12) その対象は，急成長を続けてきた CVS や有力専門店であり，とくに CVS に関しては大手総合商社がその買い手となり，筆頭株主として経営に深く関与するようになった。

13) フランスの大手ハイパーマーケットのカルフールが，2000 年 12 月に千葉県に 1 号店をオープン（現在全面撤退でイオンが経営），またアメリカの会員制ホールセールクラブのコストコが同じく千葉県幕張に相次ぎ出店して話題を呼んだ。

14) それに加えて両社も，さらに割安感を強調する新コンセプトである PB「ベストプライス」と「ザ・プライス」をそれぞれ展開している。

15) コンビニエンス・ストアの名称由来は，「普段よく利用する商品＝コンビニエンス商品を取り扱う店」と言う意味であったが，日本では「利便性店＝コンビニエンス店」とされている。

16) 年代的にも他の説のコンビニエンス・ストアより一番早くからオープンし，経済産業省による「コンビニエンス・ストア」の定義にも当てはまるため，「日本初」と呼ばれることが多いマイショップ豊中店に対して，当時からフランチャイズ展開していたセブン－イレブン 1 号店を「日本初」と呼ぶことも多い。

17) 日本フランチャイズチェーン協会公表資料。2009 年データ（https://www.jfa-fc.or.jp/misc/static/pdf/2009cvs_year.pdf）と 2019 年データ（https://www.jfa-fc.or.jp/folder/1/img/20200120120244.pdf）を比較参照。

18) 小売業の売買活動では，物販のみだけではなくサービス販売をともなう場合がある。現在のコンビニエンス・ストアの実態は，コピー・FAX サービス，公共料金収納代行サービス，宅配取り次ぎサービスなどサービス内容も充実かつ多様化方向にあり，単なる物販業でなないことから「小売サービス」という用語を用いた。なお，研究者の中には「物販小売業」と「サービス販売小売業」を分ける見解（Berman=Evans 2004，pp.32-33）もある。

19) 正確には「製造業者が自己の商品販売について，販売業者の協力を確保し，その販売についての自己の政策が実現できるよう販売業者を掌握し，組織化する一連の行為」を指す（野田編 1980，p.13）。また詳しくは江尻（1983）や高嶋（1994）を参照されたい。

20) 正当な返品とは，①買取仕入の場合で売り手の責任に帰すべき事由による返品，②委託仕入の場合の返品，③消化仕入の場合の返品であり，不当な返品とは，買取仕入の場合で売手の責任に帰すべき事由がない場合の返品である（江尻 1979，p.13）。

21) 江尻（1979）は，衣料品分野の「垂直的連携システム」において，アパレル卸売企業の高収益をもたらした要因を解明している。

22) 東レの Web サイト（https://cs2.toray.co.jp/news/toray/newsrrs01.nsf/0/832759EF3D6C886249257F8E000E196B）を参照（2020 年 2 月 24 日アクセス）。

23) イオン Web サイト（https://www.aeon.info/news/2014_2/140904R_1.html）を参照（2020 年 2 月 24 日アクセス）。

24) ネット通販大手サイト「楽天市場」を運営する楽天が，一定額以上の商品購入を前提とした消費者への「送料無料」方針を打ち出し，その負担を「出店者」に求める

ことは，独占禁止法の「優越的地位の乱用」に該当するおそれがあると，公正取引委員会からの回答がなされたとの報道がある(朝日新聞, 2019年12月19日付, 1面)。

25) これまでの製造業者と販売業者との間における再販売価格維持制度やリベート制，返品制等に加えて，前述した寡占メーカーによる流通系列化を挙げることができる。詳しくは，鈴木・山本監訳 (2000) を参照。

26) たとえば，従来からの流通系列化や PB などを取り上げて説明している（石原 1996, p.303)。

(参考文献)

1) イオン株式会社 Web サイト (https://www.aeon.info/) 2020 年 2 月 23 日アクセス

2) 石原 武政 (1996)「生産と販売」石原武政・石井淳蔵編『製販統合』日本経済新聞社

3) 江尻 弘 (1979)『返品制』日本経済新聞社

4) 江尻 弘 (1983)『流通系列化』中央経済社

5) 金子 泰雄・中西 正雄・西村 林編 (1998)『現代マーケティング辞典』中央経済社

6) 久保村 隆祐・荒川 祐吉監修, 鈴木 安昭・白石 善章編 (1995)『最新商業辞典』同文舘

7) 経済産業省 (2019)「商業動態統計月報」(https://www.meti.go.jp/statistics/tyo/syoudou/result/excel/201912K-1.xls) 2020 年 1 月 10 日アクセス

8) 経済産業省商務情報政策局情報経済課 (2019)『平成 31 年度我が国におけるデータ駆動型社会に係る基盤整備（電子商取引に関する市場調査)』(https://www.meti.go.jp/press/2019/05/20190516002/20190516002-1.pdf) 2019 年 12 月 18 日アクセス

9) 関根 孝 (1991)「小売機構」久保村 隆祐編『商業通論〔新訂版〕』同文舘

10) 東洋経済新報社編 (2019)『会社四季報 業界地図 2020 年版』東洋経済新報社

11) 髙嶋 克義 (1994)『マーケティング・チャネル組織論』千倉書房

12) 東レ株式会社 Web サイト (https://www.toray.co.jp/) 2020 年 2 月 23 日アクセス

13) 野田 実編 (1980)『流通系列化と独占禁止法』大蔵省印刷局

14) 日経 MJ 編 (2019)『流通・サービスの最新常識 2019』日本経済新聞出版社

15) 日本チェーンストア協会 (https://www.jcsa.gr.jp/) 2020 年 2 月 21 日アクセス

16) 日本百貨店協会 (https://www.depart.or.jp/) 2020 年 2 月 20 日アクセス

17) 日本フランチャイズチェーン協会 (https://www.jfa-fc.or.jp/) 2020 年 2 月 22 日アクセス

18) 柳 純 (2007)「競争促進と製販統合」鈴木 武監修, 岩永 忠康・西島 博樹編『現代流通の諸問題』五絃舎

19) 柳 純 (2013)「激変する製販関係」柳 純編『激変する現代の小売流通』五絃舎

20) Berman,B and J.R.Evans (2004), *Retail Management (ninth ed.)*, Pearson Education International

21) Kotabe.M snd K.W.Wheiler（1996），*Anticompetitive Practices in Japan*，PRAEGER（鈴木 武・山本 久義監訳（2000）『日本の反競争的商慣行』同文舘）

索　引

著者紹介（五十音順）

岩永 忠康（いわなが　ただやす）
　佐賀大学名誉教授・博士（商学）
　（主要業績）
　単著『現代日本の流通政策』創成社（2004）
　単著『マーケティング戦略論（増補改訂版）』五絃舎（2005）
　単著『現代の商業論』五絃舎（2014）
　他多数

西島 博樹（にしじま　ひろき）
　中村学園大学流通科学部　教授・博士（学術）
　（主要業績）
　単著『現代流通の構造と競争』同友館（2011）
　共著『流通経済の動態と理論展開』同文舘（2017）
　共著『〔増補改訂版〕地域活性化への試論──地域ブランドの視点―』五絃舎（2018）
　他多数

柳　純（やなぎ　じゅん）
　下関市立大学経済学部　教授・博士（学術）
　（主要業績）
　編著『激変する現代の小売流通』五絃舎（2013）
　共著『マーケティングの理論と戦略』五絃舎（2015）
　共著『中小企業マーケティングの構図』同文舘（2016）
　他多数

流通と商業の基礎理論

2020 年 4 月 15 日　第 1 刷発行
2021 年 4 月 15 日　初版 2 刷発行
2023 年 3 月 15 日　初版 3 刷発行

著　者：岩永 忠康・西島 博樹・柳 純
発行者：長谷 雅春
発行所：株式会社五絃舎
　　　　〒173-0025　東京都板橋区熊野町 46-7-402
　　　　Tel & Fax：03-3957-5587
　　　　e-mail：gogensya@db3.so-net.ne.jp
組　版：Office Five Strings
印　刷：モリモト印刷

ISBN978-4-86434-116-5
Printed in Japan　ⓒ検印省略　2023